Mayordomía Integral

Finanzas Familiares

Por Andrés Panasiuk

Finanzas Familiares: Mayordomía Integral
por Andrés Panasiuk

©1999 Conceptos Financieros Cristianos - Gainesville, GA 30501 Derechos Reservados

©2017 Reimpresión del libro

Este libro fue impreso en
RIO GRANDE BIBLE INSTITUTE
4300 S. Business 281
Edinburg, TX 78539-9650 U.S.A.

Dedicatoria y Agradecimiento

Dedicado a mis padres, Andrés y María Panasiuk, los primeros en enseñarme las bases de la mayordomía integral de la vida.

Agradecemos profundamente al Dr. Larry Burkett por proveer el material y la investigación bíblica que sirvió de base para este proyecto.

También estamos profundamente agradecidos al Dr. Larry Hyde y su familia por proporcionar los fondos necesarios para la grabación del video que acompaña este material.

Agradecemos también a Christian Financial Concepts, por tener la visión de alcanzar al mundo hispano-parlante con principios bíblicos de administración integral.

Damos gracias a Rio Grande Bible Institute y todo su personal, por su amistad, su apoyo invaluable y su amor profundo por la obra misionera en latinoamérica.

Instrucciones para el Lider del Grupo

Para usted que está mostrando las lecciones en video a un grupo, le aconsejamos que se fije en donde termina la lección, y así estar listo para empezar con facilidad y sin demora la siguiente.

Al final de cada lección hay preguntas de repaso y acción que fueron diseñadas para que cada alumno pueda pensar, en forma individual, cómo llevar a la práctica la enseñanza recibida. Asegúrese de que pasen tiempo hablando de estas preguntas y contestándolas.

Es importante que usted aproveche el material que se encuentra en la Guía de Estudio, porque le ayudará a comprender mejor la lección correspondiente y poder implementarla luego de vista.

Contenido

Unidad 1

"Identificando nuestras actitudes con respecto al dinero"

Lección 1 ¿Por qué preocuparse por el dinero?

Lección 2 Algunos conceptos bíblicos sobre el dinero

Lección 3 Nuestro folklore religioso y la esclavitud financiera

Lección 1

¿Por qué preocuparse por el dinero?

Se cuenta la historia de un agricultor en el estado de Indiana, en Estados Unidos, que tenía un campo. Un día puso un letrero grande que decía: "Le voy a regalar esta finca a la persona que se sienta realmente satisfecha con su vida". Lo puso al frente de la finca. Los vecinos que pasaban al lado de la finca se preguntaban: "¿Qué querrá decir este hombre?". Hasta que uno de los vecinos llegó un día a la puerta del vecino, golpeó, entró y le dijo: "Vecino, hoy le vengo a pedir su finca. Quiero que usted sepa que soy la persona más satisfecha del mundo: Tengo dinero, me va bien en los negocios, tengo una familia, me siento bien conmigo mismo, estoy totalmente satisfecho con mis cosas particulares y con mi vida. Así que vengo a pedirle que usted me transfiera la finca". El agricultor lo miró, pensó por un segundo y le dijo: "Lamento decirle que no voy a poder darle mi propiedad." El vecino, sorprendido, le preguntó: "¿Por qué?" A lo que nuestro hombre contestó: "porque si usted estuviera satisfecho, realmente satisfecho con su vida, ¡no me vendría a pedir la finca!

Muchas veces no nos damos cuenta de que no estamos realmente satisfechos con nuestras vidas. Decimos que estamos satisfechos, le decimos a la gente: "¡Oh! ¡Claro que me va bien en mi vida financiera!". Pero en realidad, en el fondo, sabemos que no estamos manejándola bien, que estamos teniendo problemas y no sabemos muy bien cómo vamos a salir de ellos. Por eso quisiera compartir con usted algunos principios bíblicos con respecto a cuestiones financieras.

Quiero decirle que no soy un asesor económico. No soy un asesor financiero ni soy un experto en finanzas. Soy un pastor, un estudioso de la Palabra de Dios, que enseña por toda Latinoamérica principios bíblicos de manejo económico. Quisiera, entonces, ir con usted a la Biblia, la Sagrada Palabra, y buscar en ella los principios atemporales y aculturales, que ella tiene para nuestra vida.

Entonces, en este estudio, yo no le voy a indicar si usted debe estar invirtiendo en el mercado de valores, o si debe estar poniendo su dinero en una cuenta de ahorro. Lo que vamos a estudiar en este libro son principios financieros bíblicos que surgen de la eterna Palabra de Dios. Usted luego tomará estos principios financieros y los aplicará a su propia vida, donde sea que viva. En cualquier parte del mundo: en cualquier parte de Latinoamérica, en Estados Unidos, o en la China, usted va poder tomar estos principios financieros de la Palabra de Dios y los podrá aplicar a su situación económica particular. Sea que viva en un país con hiperinflación, o con poca inflación, o en un país con problemas, o sin problemas, que gane mucho que gane poco, la Palabra de Dios es buena para todos nosotros y se aplica a todas nuestra situaciones. Así que le voy a rogar que preste atención a estos conceptos que vamos a compartir.

Hace algunos años atrás, en los años 80, se hizo un estudio entre gente religiosa en Estados Unidos. Se tomó un grupo bastante grande, que para participar de este estudio, tenía que haber cumplido con las siguientes características:

- Haber aceptado al Señor Jesucristo como Salvador personal.

- Haber asistido a la iglesia por lo menos tres veces por mes, en el último año.

- Haber vivido una vida medianamente moral, más o menos balanceada.

No estamos hablando de gente que de pronto pasó por la calle, sino de gente religiosa, comprometida, con profundos valores morales. Esto fue lo que se encontró:

- El 40% estaban gastando más de lo que estaban ganando.

- El 20% estaban al borde del divorcio.

Es importante notar aquí que el 50% de los casamientos en Estados Unidos y en muchos de nuestros países latinoamericanos terminan en divorcios y que el 90% de las personas que se divorcian, apuntan a problemas financieros como uno de los más importantes en su vida matrimonial. Ahora bien: el divorcio no es un problema. Es la consecuencia o el resultado de una serie de problemas que ya tiene la pareja: falta de comunicación, incapacidad para resolver problemas diarios, inapropiado entendimiento de su rol en la familia, mecanismos de rechazo, etc.

De la misma manera, los problemas financieros, en sí, no son problemas. Los problemas financieros son una consecuencia de otros problemas más profundos que tiene el individuo o la familia: falta de madurez, actitudes erróneas con respecto a la vida, ignorancia, un entendimiento distorsionado de quién es Dios y cuáles son los términos de nuestra relación con El.

Nuestra teología afecta nuestros valores y principios. Nuestros valores y principios afectan nuestras decisiones y actitudes. Nuestras decisiones y actitudes afectan nuestro comportamiento; y nuestro comportamiento afecta nuestro bolsillo. Como dice el Dr Larry Burkett: "La forma en la que manejamos nuestro dinero es una expresión externa de una condición espiritual interna".

Entonces, volviendo a nuestra gente religiosa, comprometida con la Palabra del Señor. Se encontró también que:

- Sólo el 34 % daba el 10% de sus ingresos o más para la Obra del Señor.

- El 40% daba menos del 3% de sus ingresos a la causa del Reino de los Cielos.

- El 26% no daba casi nada.

- El promedio de endeudamiento de una persona de 28 años (la edad media en este grupo de estudio de gente cristiana) es de 66,000 dólares, incluyendo sus gastos hipotecarios.

Esto nos habla de que algo está pasando en nuestras vidas. Las estadísticas de este grupo nos dicen una cosa muy interesante y es que la gente religiosa, con grandes valores cristianos y comprometida con el Señor, se está comportando de la misma manera que la gente no cristiana.

Eso es algo que yo he encontrado en mis sesiones de consejería pastoral y consejería financiera bíblica a través de los años. Esa es la razón por la que hemos hecho un curso como éste: porque queremos compartir con usted estos principios tan importantes, para que comience a hacer cambios concretos en su vida financiera personal y familiar.

¿Por qué debemos preocuparnos por dinero?

Mucha gente me dice: "Andrés, ¿cómo es eso de que nos tenemos que preocupar por el dinero? ¿Por qué tenemos que hablar de cuestiones de dinero?". Si vive en Latinoamérica, quizás sabe por qué se tiene que preocupar por el dinero. Nuestras economías cambian rápidamente. El gobierno cambia las leyes financieras con tanta rapidez que uno tiene que ser un experto financiero para sobrevivir. En otros países como en Estados Unidos o Canadá, donde las cosas son más estables, mucha gente se debe estar preguntando: "¿por qué hablar de dinero?, es una cuestión materialista. Los cristianos no deberíamos estar hablando sobre cuestiones de dinero".

Me gustaría compartir con usted algunas de las razones por las cuales debemos hablar sobre el dinero en nuestras iglesias.

A. Porque es un importantísimo indicador espiritual

¿Se acuerda de la parábola del Señor Jesucristo cuando él hablaba sobre el mayordomo infiel? Él habló sobre este mayordomo que no se comportó bien, y le estaba haciendo una jugarreta a su patrón. Al final de esta historia, en Lucas 16:10, el Señor Jesucristo dice lo siguiente:

> *"El que es fiel en lo muy poco, también en lo más es fiel; y el que en lo muy poco es injusto, también en lo más es injusto."*

¡Preste atención! El Señor Jesucristo nos está diciendo algo muy importante: Si nosotros somos infieles en lo poco, en aquellas cosas que nadie ve, que están ocultas en nuestra vida, en aquellas cosas que nosotros solos, o nosotros y nuestras esposas conocemos; si somos infieles en esas áreas oscuras de nuestra vida, también vamos a ser infieles en las grandes áreas de nuestra vida. La forma en la que nos comportamos en los momentos en los nadie nos ve, tiene mucho que ver con el tipo de personas que realmente somos. La verdadera vida de santificación se nota en aquellos momentos en los que sabemos que la gente no nos ve o no se va a enterar de lo que hemos hecho.

Sin embargo, es importante saber que Dios sí nos ve y El sí sabe cómo nos estamos comportando en las áreas ocultas de nuestra vida. Una de esas áreas de "en lo poco" es justamente la financiera.

El área financiera es una de ellas porque no hay mucha gente se meta con ella. Nadie sabe cuánto ganamos ni tampoco en qué gastamos nuestro dinero. A veces ni siquiera nuestros cónyuges saben la forma en la que uno gasta su dinero. Y si ellos no lo saben, mucho menos lo sabrá el pastor y, por supuesto, mucho menos los diáconos de su congregación. Es un área secreta que muchas veces nos demuestra quiénes somos realmente por dentro.

Recuerde que las cuestiones financieras, son una demostración externa de qué es lo que está pasando internamente en nuestra vida personal, en nuestra vida espiritual. Es un importantísimo indicador espiritual. Imagínese que dos tercios de las palabras que habló el Señor Jesucristo tienen que ver con el dinero. Casi cada parábola que el Señor expuso sobre el Reino de los Cielos comienza con algo que tiene que ver con cuestiones financieras, con cuestiones materiales.

¿Por qué será que el Señor Jesucristo habló tanto sobre el dinero? ¿Por qué cuando El habla en parábolas elige al dinero como un medio para comunicar ideas? En primer lugar, porque el Señor Jesucristo quizás está buscando un común denominador. Él está buscando una idea que nos una y con la que todos nos podamos identificar. ¡Qué interesante que el Señor Jesucristo usó el dinero, cuando la sociedad judía de esa época no era una sociedad de mercado, sino una sociedad agraria! Sin embargo, y a pesar de ser una sociedad agraria, el Señor Jesucristo usó ese tema porque el dinero y la forma en la que lo manejamos, cala muy dentro de la personalidad humana y se convierte en un común denominador.

Entonces, una y otra vez Jesucristo dijo que si somos fieles en las cosas pequeñas como el dinero, también seremos fieles con las cosas grandes. El dinero no es un problema, sino que es un indicador externo de una situación espiritual interna. Muchas veces cuando las familias tienen problemas vienen y me dicen: "Andrés, no nos alcanza el dinero para vivir". El problema no es que tienen que reducir sus gastos o aumentar sus entradas, que es lo lógico. Cualquier consejero financiero le va decir esto: "Usted está gastando demasiado. Si no le alcanza la plata para vivir, tiene dos opciones:

- Reducir la cantidad de gastos, o
- Aumentar la cantidad de ingresos".

Pero haciendo sólo esas cosas, muchas veces no se soluciona el problema, porque el problema tiene raíces profundas en nuestro comportamiento, en la forma en que nosotros encaramos la vida. Se imagina, si cuando llegáramos al cielo, el Señor Jesucristo nos mirara y nos dijera: "Muéstrame tu cuenta de cheques; a ver, ¿Cómo gastaste tu dinero cuando estabas en vida?" ¿Qué haría usted? ¡Algunos de nosotros nos moriríamos de miedo! ¿A quién se le ocurriría que para entrar al cielo necesitáramos mostrar nuestra cuenta de cheques?

Sin embargo, en el libro de San Mateo, capítulo 25, el Señor hace exactamente eso: está al frente de un grupo de personas que creen que van al cielo. La gente que sabía que se iría al infierno, ya se había ido. Aquí Dios está frente a un grupo de personas básicamente buenas, que creen que van al cielo.

Entonces empieza a separar las ovejas de los cabritos. Y la pregunta que Dios les hace para darles acceso al reino de los cielos, ¿sabe cuál es? ¡Es una pregunta financiera! Una serie de preguntas que tienen que ver con la forma en la que manejaron sus finanzas.

El Señor Jesucristo les pregunta: "Cuando estuve hambriento ¿me diste de comer? Cuando tuve sed ¿me diste de beber? Cuando fui forastero ¿me aceptaste en tu hogar? Cuando estuve desnudo ¿me cubriste?". Todas estas preguntas "escondidas" detrás de las afirmaciones que encontramos en el pasaje tienen que ver con la forma en la que nosotros manejamos nuestra billetera. Nos guste o no nos guste. Aquéllos que no lo hicieron correctamente, los puso a un lado y no los dejó entrar al cielo. No es que eso les haya hecho perder su salvación, o que haya sido una condición para entrar en el cielo. Sino es que "la forma en la que manejamos nuestras finanzas es una expresión externa de una condición espiritual interna".

B. Porque es una enseñanza bíblica

En Lucas capítulo 16:13 dice:

> *"Ningún siervo puede servir a dos señores; porque o aborrecerá al uno y amará al otro, o estimará al uno y menospreciará al*

otro. No podéis servir a Dios y a las riquezas."

El Señor Jesús nos dice que no podemos servir a Dios y servir a las riquezas. Las riquezas, muchas veces, se convierten en un ídolo en nuestras vidas. Nosotros tenemos que elegir dentro de nuestras prioridades familiares, dónde vamos a poner a Dios y dónde vamos a poner nuestras cuestiones materiales, tengamos mucho o poco.

Aquí no estamos hablando de la gente que tiene autos, barcos, casas grandes. No tiene nada que ver con la cantidad de dinero que tenemos en el banco. Este es un concepto que tiene que ver con nuestra actitud hacia la vida. Uno puede no tener un peso en el bolsillo, y sin embargo, tener a las riquezas como el dios de su vida. Es la actitud lo que vale. Es importante notar, sin embargo, que en estos últimos tiempos, lamentablemente, hay mucha gente que quiere usar a Dios para servir a las riquezas, en vez de usar las riquezas para servir a Dios.

Muchas veces nuestra relación con Dios se limita a cuestiones materiales. Nuestra conversación con Dios se limita a decir: "Señor, bendíceme. Señor, ámame. Señor, sáname. Señor, perdóname". Y el "me" se convierte en el centro de nuestro universo. Estamos viviendo en una sociedad de consumo y hemos aprendido a consumir a Dios. Lo percibimos como un proveedor de servicios. Entendemos a Dios como un supermercado o como el gobierno de algún país: una entidad y no un ser viviente que posee personalidad.

En general, para el hombre y la mujer de Latinoamérica, en vez de que el dar sea parte de nuestra experiencia de adoración, nosotros hemos incorporado como parte de nuestra experiencia de adoración el pedir. Es por eso que la falsa doctrina que mezcla el materialismo con el cristianismo ha hecho tantos estrágos en nuestro continente.

Es por eso que quizás, también, el nombre que mejor conozcamos de Dios sea Jehová Jireh: "Jehová el proveedor". Pero Dios es más que Jehová Jireh. Dios es también Elohim. Dios también es El Shadai. Dios también tiene el nombre Santo. Dios también es el Rey del universo, el Señor de señores y el Rey de reyes. Él espera que nosotros tengamos riquezas para servirle y que nuestra relación con El esté centrada en El y no en nosotros mismos.

C. Las cuestiones materiales son un campo de batalla en nuestras vidas

Jesús trata el tema del dinero porque es un campo de batalla para el cristiano. En Mateo 6:21 dice:

"Porque donde esté vuestro tesoro, allí estará vuestro corazón."

Las cuestiones materiales son un campo de batalla para nuestra vida. ¡Claro que sí! Vivimos en una sociedad de consumo. Vivimos en un mundo que existe con el sólo propósito de comprar y vender. Vivimos en una sociedad que siempre nos está creando nuevas necesidades y nos es difícil centrarnos en "las cosas de arriba".

Pero la Palabra dice que donde esté nuestro tesoro, allí estará nuestro corazón. Nuestros tesoros son aquellas cosas en las que se encuentra el foco de nuestra vida. Para saber dónde está su corazón debe preguntarse entonces: ¿Dónde está poniendo su energía, su talento, su creatividad, sus capacidades personales, su fuerza, su juventud, su experiencia? ¿En su trabajo, en su casa, en su relación con sus amigos? Pues allí está su corazón. ¿En su relación con Dios? Pues allí está su corazón. No busque dónde está su corazón. Busque primero dónde están sus tesoros... Eso le mostrará la realidad de su vida interior.

Ejercicios de Lección 1

A continuación se presenta un caso de la vida real. Léalo con atención y esté listo para responder las preguntas.

Usted está en una ciudad predicando por un par de días y ofreciendo consejería familiar bíblica. Al final del primer servicio, Jorge y María se acercan a usted y le confiesan que una de las causas de tensiones en su matrimonio es su situación económica. Ellos le dicen que sus salarios no les permiten vivir dignamente. Jorge trabaja de obrero en una compañía de la ciudad. Gana solamente 200 pesos por mes. María también trabaja y gana otro tanto. Usted les da una cita para reunirse al día siguiente.

Por otro lado, Ignacio y María Rosa también se le acercan esa misma noche. María Rosa es la hija del dueño de una empresa importante en la ciudad. Ellos son hermanos muy respetados en su congregación, diezman con regularidad y ayudan a otros cristianos. Sin embargo, también ellos tienen problemas para controlar su vida económica. Ignacio le confiesa que con las entradas que tienen no les es posible vivir dignamente. Cuando usted pregunta, María Rosa contesta que la suma de ambos salarios es de 10,000 pesos por mes. Usted también les da una cita para reunirse el día siguiente.

1. Cuando usted se reúna con ellos, ¿cuáles serían algunas presuposiciones con las que debería llegar a su cita de consejería? (Marque las que correspondan).

a. Esta es otra muestra de la injusticia del sistema capitalista en el que vivimos.

b. Los padres de María Rosa deberían darle trabajo a Jorge y María.

c. No es lo que uno gana lo que hace la diferencia, sino lo que uno gasta.

Jorge y María no están siendo bendecidos por Dios. Probablemente d. no diezman.

e. Como Ignacio y María Rosa diezman, van a continuar prosperando, así que no hay de que preocuparse por su vida financiera. El dinero eventualmente llegará para que puedan vivir dignamente.

f. No se debería ser demasiado duro con Ignacio. Debería pedírsele una contribución para el proyecto de evangelismo masivo que usted está planeando para el año que viene.

g. Un cristiano puede ser un buen diezmador, pero aún así ser un mal mayordomo de los recursos que Dios le ha dado.

h. La forma en la que manejamos nuestro dinero es una expresión externa de una condición espiritual interna.

2. ¿Qué le sugiere la frase "no podemos vivir dignamente" que usan ambos matrimonios?

3. ¿Cuál cree que podría ser el problema "de fondo" de Ignacio y María Rosa?

Buscadores de Tesoros

Explorando el Concepto Bíblico de la Entrega
por Andrés G. Panasiuk

Es un hecho científicamente comprobable que los hispanos, en general, nos hemos venido a Estados Unidos con "ojos verdes". Así como nuestros padres viajaron del campo a la ciudad o se mudaron de Europa al Nuevo Continente, nosotros estamos luchando por un futuro mejor para nuestras familias y las de nuestros hijos.

Por eso trabajamos como trabajamos. Por eso sufrimos lo que sufrimos. Por eso nos hemos comprometido a enviar dinero a nuestros padres y familiares que todavía viven en Latinoamérica. (El dinero que los mexicanos que viven en Estados Unidos, mandan a su propio país es, después del petróleo, la segunda fuente más importante de recursos económicos de esa nación fronteriza.)

Sin embargo, a pesar de las circunstancias difíciles en que nos encontramos, los hispanos cristianos en este país no tenemos un problema que deba ser revisado por un oculista... Tenemos problemas cardíacos. El Señor Jesucristo nos dice: "Porque donde esté vuestro tesoro, allí estará vuestro corazón" (Mateo 6:21), y me da la impresión de que nosotros, como cristianos de habla hispana en Estados Unidos, todavía estamos en la búsqueda de nuestro corazón.

Cuando me decidí a estudiar a fondo este versículo, me pregunté qué quiere decir Jesucristo con la palabra "tesoro". Porque seguramente, si puedo descubrir dónde está mi "tesoro", allí también encontraré mi corazón y entenderé qué me está pidiendo Jesucristo.

Para aquellos que tenemos hijos (e hijas), el concepto es, quizás, un poco más fácil de entender porque nuestros niños son nuestro "tesoro". La Biblia declara que nuestros niños son "herencia de Jehová" y que son "cosa de estima", muy especiales para nosotros (Salmo 127:3-4). Por nuestros niños daríamos cualquier cosa. Cuando se enferman, nos quedamos orando junto a sus camitas y ¡hasta rogamos a Dios que nos permita sufrir por ellos! Los hombres no lloramos ¿verdad?... hasta que vemos caer una lágrima de dolor por las mejillas de alguna de nuestras niñas.

Nuestros hijos son nuestro tesoro. Cuando van creciendo, compartimos con ellos nuestros conocimientos. La madre le dice a la niña: ¡Acércate, que te voy a enseñar cómo se hacen los pastelitos que hacía tu abuela! O puede que el padre mire al niño y le diga: Ven conmigo, que te voy a mostrar cómo se cambia el aceite del auto. ¡Pero si tiene sólo tres años! grita la madre desde el cuarto. -No importa- responde el papá, -¡tiene que aprender desde chico!

Los niños son nuestro tesoro. Nos gusta pasar tiempo con ellos. Sabemos que cuando menos imaginemos, vamos a parpadear y nos hallaremos en medio de una ceremonia religiosa. Mamá quiere conversar con sus hijas; papá quiere jugar a la pelota con los muchachos. Son nuestro tesoro. Allí está nuestro corazón. Ahí es donde invertimos nuestro tiempo, nuestro esfuerzo, nuestras capacidades personales, nuestra energía y, si tenemos adolescentes, ¡también nuestro dinero!

Ahora, la pregunta para nuestra vida de cristianos es: ¿dónde está nuestro tesoro?

- ¿Dónde estamos poniendo nuestro tiempo?
- ¿Dónde estamos poniendo nuestro esfuerzo?
- ¿Dónde estamos poniendo nuestras capacidades personales?
- ¿Dónde estamos poniendo nuestra energía?
- ¿Dónde estamos poniendo nuestro dinero?

Donde lo pongamos, allí está nuestro tesoro en la vida. Lamentablemente, en muchos casos, la respuesta a estas preguntas es "trabajo", "carrera", "hogar", "posición económica".

Jesucristo, sin embargo, nos desafía hoy a que hagamos de Él nuestro tesoro. Él nos llama a descubrirlo nuevamente.

Si el pueblo cristiano hispano de Estados Unidos, con el potencial de recursos que posee, hace de la cruz de Cristo su tesoro y clava en el Calvario su corazón, no sólo podremos reanimar nuestros alicaídos ministerios, sino que además podremos llegar a impactar la vida espiritual de todo el continente.

Lección 2

Algunos conceptos bíblico sobre el dinero

Quisiera compartir con usted algunas cosas básicas que dice la Biblia sobre cuestiones de dinero. No todas, porque la Biblia habla muchísimo sobre este tema. Si que usted pudiera buscar a través de una concordancia, se sorprendería de ver la cantidad de pasajes que hablan sobre cuestiones de dinero.

Incluso existe un libro, escrito por el Dr. Larry Burkett que se llama "The Word on finances, topical scriptures and comentary". Este es un libro que tiene justamente una especie de concordancia sobre este tema, aunque está escrito solamente en inglés. Se sorprenderá de los cientos y miles de versículos bíblicos que hablan sobre cuestiones financieras. Yo voy a mencionar solamente algunas cosas básicas.

Muchas veces las cosas que Dios dice con respecto a conceptos financieros no están de acuerdo con los conceptos que vemos en el mundo. Si usted es un experto en finanzas y me escucha decir algunas cosas en esta presentación y dice: "pero esto no es lo que me enseñaron en la Universidad". Está bien, porque es muy probable que en algunos casos, los conceptos financieros bíblicos se opongan a los conceptos financieros del mundo. No se preocupe.

II. ALGUNOS CONCEPTOS BÁSICOS SOBRE EL DINERO

Quiero darle algunas ideas con respecto a lo que dice la Biblia sobre cuestiones financieras.

A. ¿Qué es la riqueza?

En 2 Pedro 3:11 dice:

"...puesto que todas estas cosas han de ser deshechas".

Quiero remarcar en este versículo allí donde dice: "cosas". Uno de los conceptos importantísimos en la Palabra de Dios es que las riquezas y los bienes materiales son intrascendentes (no-trascendentes). Trascendentes son las cosas que van más allá de nuestra existencia y más allá de la existencia de este mundo. Cosas intrascendentes son las que no trascienden la existencia de este mundo. Por ejemplo, las cuestiones materiales son intrascendentes, se quedan en esta tierra.

Las cuestiones trascendentes son, por ejemplo, las relaciones interpersonales o la salvación de un alma. Si trae a alguien a los pies del Señor, esa relación es trascendente. Usted se encontrará con esa persona cuando llegue al cielo porque ha impactado la vida de ese ser humano por toda la eternidad. Las relaciones interpersonales o nuestra relación con Dios son relaciones trascendentes, porque van más allá de la existencia de este mundo.

El dinero es intrascendente. Si ha vivido en algún país que ha sufrido hiperinflación, sabe de lo que estoy hablando. Esa sensación de que hoy tenemos y mañana ya no. Hoy tenemos nuestra casa, mañana tal vez ya no. Hoy tenemos nuestro auto, mañana lo tenemos que vender. Hoy tenemos una buena cuenta en el banco, mañana vale la mitad, pasado ya no vale nada. Son cosas intrascendentes.

En Latinoamérica, en los últimos años, hemos experimentado esto. Pero muchas veces, para la gente que vive en una mejor posición o la gente que incluso está viviendo en un resurgimiento económico, nos olvidamos de que las cuestiones materiales no son trascendentales.

Se dice que Juan Rockefeller, cuando murió, era el hombre más rico del mundo. Un señor del "Wall Street Journal", quería hacer una entrevista y escribir una historia sobre este hombre tan famoso. Llamó a uno de los asesores de Rockefeller, el Contador Ejecutivo y le dijo: "Señor Contador Ejecutivo, me podría decir cuánto dejó Juan Rockefeller?". El contador esperó un segundo y le dijo: "Sí, como no: Lo dejó todo". Rockefeller no se llevó al otro mundo ni un peso de todos los miles de millones que tenía en esta tierra. Y eso le va pasar a usted y me va pasar a mí.

Cuando partamos de esta tierra, cuando el Señor venga en Su gloria, todo lo que nosotros vemos va a ser deshecho, va a ser desintegrado, va a desaparecer y todas estas cosas simplemente no van a existir más. Esto es a lo que la Biblia se refiere cuando habla sobre que el heno y la hojarasca (que representan las cosas intrascendentes de nuestra vida) han de ser quemados.

Debemos cultivar en nuestra vida cosas que sean trascendentales; cosas que, cuando el juicio de Dios llegue a nuestras vidas, se conviertan ya sea en oro, en plata, o en piedras preciosas; cosas que no se deshagan con el fuego de Dios; cosas que queden para toda la eternidad. Debemos empezar a preocuparnos seriamente en cultivar, en nuestras vidas, cuestiones que sean trascendentales. Cuando nosotros invertimos en cosas como en ganar a otros para el Señor Jesucristo, estamos invirtiendo en cuestiones trascendentales, porque esa persona va ser cambiada para toda la eternidad.

Entonces, la riqueza es algo intrascendente, algo que pasa y que el Señor nos da para que lo manejemos el día de hoy. Pero algún día nos lo puede quitar, y seguro que lo vamos a dejar en esta tierra.

B. ¿Qué es un mayordomo?

Un mayordomo es una persona que maneja los bienes de otro. Nosotros simplemente manejamos las propiedades de Dios, aquí en la tierra. Él nos puede confiar mucho o poco, pero bajo ninguna circunstancia tenemos el derecho de reclamar esos bienes materiales como nuestros. Mayordomía no es una actividad para levantar fondos en alguna de nuestras iglesias. Mayordomía es un concepto bíblico integral. Nos habla de la responsabilidad que tenemos como criaturas e hijos de Dios de administrar sabiamente las cosas que El ha puesto en nuestras manos: tiempo, talento, tesoros, familia, relaciones, etc.

Cuando Job perdió todo, miró a su esposa y dijo: "Dios dio y Dios quitó, sea el nombre de Dios alabado." ¿Por qué estaba conforme Job con esta situación? Porque él entendía que era solamente un administrador en el plan de Dios y Dios era el verdadero dueño de las cosas que estaban bajo su cuidado -incluso sus propios hijos. Por ejemplo: es como cuando va al banco, lleva su dinero y lo deposita en una cuenta. Luego el banco le da un talonario de cheques, una chequera. Usted llega a un acuerdo con el banco.

El banco tiene ciertos derechos, como, por ejemplo, invertir su dinero, tomarlo y ponerlo en acciones, comprar casas y venderlas, es decir: tiene el derecho de manejar su dinero. También tiene el derecho de prestárselo a otra gente. Si usted está en un banco que tiene una tarjeta de crédito, el banco puede enviar ese dinero a su sección de tarjetas de crédito. Puede prestar ese dinero y cobrar intereses por el dinero que la gente esté usando.

En tercer lugar, el banco tiene el derecho de cobrarle ciertos cargos por trabajos que usted le pida. Por ejemplo, si pide una carta al banco, su cuenta, o su balance, en un momento que no corresponde al mes, puede que el banco le cobre cargos por esos gastos extras que hace por servirle.

Por otro lado, el banco tiene un compromiso: devolverle a usted cada centavo de dinero. No cuando el banco quiera, sino cuando usted lo necesite.

Si usted escribe un cheque y se lo da a don José y don José lo deposita en el banco. El banco le tiene que pagar a don José el dinero suyo. El banco no puede escribir una carta y decirle: "Nos gusta su dinero, realmente nos encanta. Por favor, no escriba más cheques". No puede decir eso, ¡sería una locura! Lo que haría usted es encontrar la comisaría más cercana e irse al banco con un policía. Porque el dinero que está ahí, a pesar de que está siendo invertido y prestado, todavía le pertenece a usted. Usted es el dueño de ese dinero, y cuando quiera, puede ir y sacarlo.

Lo mismo ocurre con Dios. Dios le da a usted y a mí los bienes materiales para que los invirtamos, para que los manejemos, para que los prestemos, para que hagamos más dinero con ello. Pero no está esperando de nosotros que empecemos a decir que esos bienes materiales son nuestros, sería una locura. Él dio y El puede irrumpir en nuestras vidas cuando El quiera para decirnos que quiere que nosotros hagamos con Sus bienes materiales.

Tengo un pastor asesor, asociado, muy buen amigo mío con el que hemos trabajado durante muchos años. Hicimos un muy buen equipo de trabajo. Un día, su hija de 17 años, yendo para la escuela, pasó cerca de su padre y le dijo: "Papi, nos vemos". Él la miró y le dijo: "Te veo en el almuerzo". Ella nunca volvió. De regreso a su casa, ese día, un autobús escolar la atropelló. Fue un dolor tremendo para nuestras vidas, pero Dios dio y Dios quitó. Ese era el momento en que ella tenía que encontrarse con el Señor.

Dios le dio a él, a usted y a mí nuestros hijos para que los cultivemos, para que los criemos, para que los amemos, para que trabajemos en sus vidas, para que volquemos de nosotros mismos, de nuestras personalidades, de nuestro amor a Dios en ellos. Un día El puede decir "yo quiero ese hijo de vuelta", porque El es el dueño, El es el Rey y El Señor. Nosotros somos simples mayordomos.

El Salmo 24:1 y 2 dice:

> *"De Jehová es la tierra y su plenitud, el mundo y los que en él habitan. Porque él la fundó sobre los mares y la afirmó sobre los ríos. "*

De Jehová es la tierra. No solamente la tierra, también lo es su plenitud: todas y cada una de las cosas que existen en la tierra son de Jehová. Luego dice: "el mundo y los que en él habitan": usted y yo. Entonces todo lo que existe en esta creación es de Dios "Porque él la fundó sobre los mares": Porque él la formó. Somos de El porque El nos creó. Somos de El porque El nos formó. Nos guste o no; estemos de acuerdo o no, tenemos que aceptar que somos criaturas de Dios. Usted le pertenece a Dios. Sus hijos le pertenecen a Dios. Todo lo que tiene le pertenece a Dios.

C. ¿Qué promesas tiene la palabra de Dios para nosotros?

Dios tiene preciosas promesas. ¿Sabe cuántas promesas tiene Dios para usted, sin que usted tenga que hacer absolutamente nada? ¡Ninguna! Dios tiene miles de promesas en la Biblia, pero ninguna de ellas se aplica a usted, a menos que se apropie de ellas, a menos que las tome y las haga suyas. Ninguna promesa llega hasta usted, a menos que cumpla ciertos pre-requisitos.

Las promesas de Dios no funcionan igual que la salvación. La salvación es "sola gratia, sola fide" (sólo por la gracia, por medio de la fe en el Señor Jesús, gratuitamente, sin trabajo alguno). Las promesas de Dios siempre vienen pegadas a un pre-requisito: la obediencia.

Si mira en el Antiguo Testamento, el Señor le dice al pueblo de Israel: "¿A quién quieren servir ustedes? ¿Quieren ustedes servir a los dioses de los amorreos? ¿A los dioses de esta tierra? ¿A los dioses que son falsos o quieren ustedes servirme a mí, al único Dios verdadero?". Luego les dice: "Bueno, si ustedes van ha servir a aquellos dioses, van a ser malditos. Si me sirven a mí y siguen mis preceptos van a ser benditos por mí".

Es como en un partido de fútbol. Imagine una estrella del fútbol o de algún otro deporte. Si una gran estrella rompe una regla del juego, le van a cobrar la falta. No importa que esa persona sea una persona muy conocida en el fútbol, o en basquetbol, le van a cobrar falta, porque ese famosísimo jugador rompió una regla. Pues, hay muchos cristianos que quieren jugar a la vida cristiana y a la vida financiera cristiana sin reglas. Se enojan cuando Dios les cobra falta. Se enojan cuando Dios no les bendice. Pero muchas veces la bendición de Dios no viene a la vida de uno, porque uno ha estado violando constantemente los principios bíblicos financieros que Dios nos manda en su Palabra. Entonces, muchas veces no puede haber bendición porque estamos en pecado, o no estamos siguiendo las enseñanzas de Dios.

Hay varias promesas de Dios. Aquí vamos a ver tres. Pero, como ya mencionamos, hay un pre-requisito: la obediencia. Hay mucho énfasis el día de hoy en los milagros que puede hacer Dios en su vida, en las cosas que El puede hacer, en las cosas que El puede dar. Por supuesto que se las puede dar porque El es Dios. Pero hay muy poco énfasis en la obediencia. Yo veo que cada vez estamos predicando menos y hablando menos sobre la obediencia a Dios. Debemos volver a los principios básicos bíblicos para obedecerle y para que El nos bendiga.

1. Paz. El Dr Larry Burkett, fundador de Conceptos Financieros Cristianos, dice que él define la paz como "la ausencia de miedo, frustración, ira y preocupación". A mí me gusta y la he hecho propia. Usted puede definirla como quiera. En Juan 14:27, Jesús nos dice:

"La paz os dejo, mi paz os doy; yo no os la doy como el mundo la da."

Jesucristo nos dice: "yo les voy a dar una paz, como el mundo no se la puede dar". Nosotros tenemos muchas veces la paz de Dios en cuanto a la salvación. Pero ¿qué hay en cuanto al bolsillo? Llegamos a casa y nos da dolores de cabeza la forma en la que

15

manejamos nuestras finanzas. Andamos contando los pesos, o los dólares o los bolívares, o cualquiera sea el dinero que manejamos. Contamos nuestro dinero y decimos "no me alcanza para fin de mes" y andamos preocupados. Así, andamos con paz en algunas áreas de nuestra vida, pero cuando llegamos al área financiera no tenemos paz. No tenemos paz porque no estamos obedeciendo al Señor.

Me acuerdo de una historia que contó justamente el hermano Larry Burkett, acerca de una pareja que vino a verle, (él vivía en Atlanta, Georgia, en Estados Unidos). Esta parejita le dijo: "Señor Burkett, hacemos 15.000 dólares al año y no se puede vivir aquí en Atlanta con 15.000 dólares al año". El se sentó con ellos, hizo un presupuesto, miró lo que gastaban. Era cierto que no se podía vivir con 15.000 dólares al año. Más o menos unos 1.000 a 1.200 dólares por mes. En Atlanta en ese momento los alquileres estaban muy altos; la comida y todo lo demás estaba muy caro. No podían vivir con ese dinero. Entonces les dijo: "Vayan a su casa y controlen los gastos, hagan una lista de gastos que ustedes tienen, vuelvan a verme de aquí a un mes y vamos a conversar del asunto". Dijo: "Bueno, voy a ver cómo puedo ayudar a esta gente a sobrevivir con ese sueldo tan bajo".

Casi inmediatamente después que estos muchachos se fueron llegó otra pareja un poco mayor, y él les dijo: "¿Cuál es su problema? Ellos respondieron: "El problema es que nosotros no ganamos suficiente dinero. No tenemos suficiente entradas. Ganamos solamente 25.000 dólares al año y apenas nos alcanza el dinero para vivir". Entonces sacaron una planilla, hicieron una cuenta de sus gastos y se dieron cuenta que no se podía vivir con esa cantidad de dinero. No alcanzaba: el alquiler, el auto, los gastos, los seguros, todas las cosas que hay que pagar, la ropa, la comida, etc. Entonces Larry les mandó a hacer lo mismo:

"Controlen sus gastos durante todo este mes y fíjense en qué están gastando. El mes que viene nos vemos".

Poco después llegó otra pareja, algo mayor que la anterior. Ellos le dijeron: "Hermano Burkett, tenemos serios problemas. Es que no ganamos suficiente dinero para vivir" "¿Cuánto ganan?", pregunto Larry "75.000 dólares al año". El Dr Burkett revisó los gastos de esta pareja y era cierto: no podían vivir con los $75.000 al año.

Si tomáramos los 75.000 dólares que hacía esta tercera pareja y se los diéramos a la que hacía los 15.000 (la primera parejita), éstos que hacían 15.000 dólares al año, ahora con 75.000 iban a pensar que eran la pareja más rica de Atlanta, iban a estar contentos de la vida... ¡por los próximos dos o tres años! Hasta que se acostumbren a vivir con 75.000 al año, ¡entonces a ellos tampoco les iba a alcanzar esa cantidad para vivir!

Fíjese usted en su propio caso. Cuando se casó, ¿cuánto gastaban y cómo vivían? ¿Cuánto ganan ustedes ahora? ¿Cómo viven? Compare las entradas de dinero que hacía cuando recién se casó y las entradas de dinero que hace el día de hoy, y se va a dar cuenta: ¿Cómo es posible que haya incrementado sus entradas de dinero y sin embargo todavía no le alcance para vivir? Es porque el secreto para llegar a fin de mes no se halla en la cantidad que ganamos, sino en la que gastamos. Eso es lo importante. Cómo gastamos y no cuánto ganamos.

2. Provisión. La segunda cosa que Dios nos prometió es la provisión. Dice el libro de Mateo en 6:33:

"Mas buscad primeramente el reino de Dios y su justicia, y todas estas cosas os serán añadidas."

Lo primero es la obediencia. Es buscar el Reino de Dios. Debemos reconocer Su soberanía en nosotros, y reconocer que él es el dueño y que nosotros somos Sus administradores. Debemos buscar en primer lugar el Reino de Dios y su justicia antes de que las otras cosas sean añadidas.

3. Prosperidad. En tercer lugar está la prosperidad que Dios da. Pero, ésta no es la prosperidad de la que estamos escuchando hablar en muchas de nuestras iglesias el día de hoy. No es el mensaje de prosperidad que se escucha por allí en ciertos vínculos o círculos evangélicos. Dios no está obligado a prosperarnos. Por ahí hay gente que dice que Dios nos va a prosperar no importando qué; si nosotros le damos 10, él nos va dar 20; si le damos 50 él nos va dar 100; si le damos 100 él nos va dar 200. La enseñanza bíblica dice que si nosotros le damos a Dios, Dios no está obligado a darnos a nosotros, porque nosotros le dimos.

Recuerdo la historia de un pastor en Florida, que lo llevaron preso y lo juzgaron porque un miembro de su iglesia había estado aportando a la iglesia, con cierta regularidad, cantidades de dinero bastante grandes. Como el pastor predicaba: "si tú das 100, Dios te da 200; si das 500, el Señor te da 1,000", él había estado dando, y como al cabo de dos o tres años no había recibido ni un centavo de vuelta en su bolsillo, ¡llevó a juicio al pastor!. Él estaba creyendo que si le daba 1,000 dólares a Dios, Dios estaba comprometido a darle 2,000 dólares de vuelta, pero eso no es cierto.

Nosotros debemos dejar de definir a la palabra "bendición" en terminos materiales y positivos. Esa es una clara influencia de una filosofía mundana y diabólica (el "materialismo"), filtrándose en el seno de la iglesia evangélica Latinoamericana.

17

La "bendición" de Dios puede ser material y positiva (como en el caso de Abraham, Job o José), o no puede serlo (como en el caso de los apóstoles, la iglesia primitiva y muchos de nuestros misioneros en todo el mundo).

La Palabra de Dios nos dice que Dios es soberano, y El puede decidir a quién le da y a quién no le da. Dios ha decidido prosperarnos, pero a unos nos prospera en un área y a otros les prospera en otra. A algunos les prospera en el área económica, a otros les prospera en el área espiritual, y a otros les prospera en el área familiar.

Hay diferentes razones por las que Dios da y por las que Dios no da cosas materiales. Si vemos el libro de Romanos, capítulo 11. Yo creo que este pasaje fue escrito específicamente para este tema de la prosperidad, porque el apóstol Pablo dice en los versos 34 y 35:

"Porque ¿quién entendió la mente del Señor? ¿O quién fue su consejero? ¿O quién le dio a él primero para que le fuese recompensado?"

Dice el apóstol Pablo ¿quién le va a dar a Dios para que lo obligue a recompensarle de vuelta? La respuesta a esa pregunta retórica es "nadie", por supuesto. Dios promete prosperarnos, pero Dios no promete prosperar a todo el mundo económicamente. Dios tiene una razón por la cual quiere prosperar a alguien económicamente o no quiere hacerlo.

Larry Burkett contaba una vez la historia de un amigo suyo que era considerado, en esa época, el sexto hombre más rico del mundo. Tenía muchísimo dinero, como 3.500 millones de dólares en sus cuentas bancarias y en sus inversiones. Sin embargo, una vez lo llamó por teléfono y le dijo: "¿Qué tal? ¿Cómo estás Burkett? ¿Cómo te va?... Estoy pensando en comprarme un auto, pero no sé si me voy a comprar un auto 0 Km, o uno que tenga un año de uso, ¿tú qué crees? ¿cuál es la mejor inversión? Porque cuando uno saca el auto 0 Km del garage, ya perdió una cantidad tremenda de valor, ¿no me convendría comprarme uno de un año de uso?"

Cuenta el hermano Burkett que pensó "esto, para este hombre, es como elegir entre comerse papas fritas o una ensalada". Y se lo dijo (eran buenos amigos). Su amigo rico le respondió: "Mira, Larry, la razón por la que te estoy preguntando esto es porque yo tengo conciencia de que cada dólar que yo tengo no es mío, sino es del Señor, y yo quiero usarlo como corresponde. Yo quiero ser un buen mayordomo del dinero que me da el Señor. Y quiero ser también, de buen testimonio para aquellos millonarios que son amigos míos, que me rodean y que no le conocen a El como su salvador personal".

Dios había puesto a este millonario en lo alto de una compañía y con esta cantidad de dinero, para ser luz y sal en el lugar donde él estaba, con gente con la que usted y yo jamás nos vamos a poner en contacto. Pero allí estaba él dando testimonio de Dios.

Por otro lado, el hermano Burkett cuenta la historia de un pastor chino que fue a visitarle una vez con un amigo. Fueron a comer a un restaurante. El hermano miró que este hombre chino no estaba muy bien vestido, y al principio no le dio muy buena impresión. Pero escuchando el testimonio de este hombre, su respeto creció tremendamente cuando escuchó del martirio, de las persecuciones y de las cosas que había pasado. Era un hombre que estaba a cargo de un batallón de Mao-Tse- Tung, enviado a matar gente, a eliminar políticos que estaban en contra del gobierno comunista o a gente que era cristiana. Cuando este batallón llegó a una de las aldeas cristianas, donde toda la gente era cristiana, se acercó a un hombre que estaba llevando agua en sus hombros, y le dijo: "¿Señor, me puede decir quién es el jefe de este lugar?". El hombre dejó su vasija de agua y le dijo: "pues yo soy". - "No, no, no. Parece que no me está entendiendo", le dijo, "yo le estoy preguntando a usted quién es el jefe, quién es el que manda en esta villa", y este señor que estaba acarreando el agua dijo: "Pues, en esta villa todos somos cristianos, y en una sociedad cristiana los jefes son los que sirven y mi trabajo como jefe es servir a todo el mundo".

Este soldado comunista quedó tan impresionado con la respuesta de este pastor chino que se quedó a estudiar, a mirar a estos cristianos y finalmente se convirtió al Señor. Convertido volvió a Beijin, a la capital de China (Pekin en esta época), a contarle a los otros amigos suyos y militares lo que había ocurrido en su vida. Pues, ¿se imagina lo que le pasó? Mataron a su esposa, a sus hijos, a su familia, a toda la gente que él conocía por causa del evangelio y luego pasó 27 años preso por causa del evangelio. Cuando lo sacaron, lo primero que hizo fue ir a predicar el evangelio a las calles de China comunista. Dios nos da mucho o nos da poco, siempre con un propósito. Al millonario le dio para que fuera testimonio entre aquéllos que tenían mucho, y al pastor chino le quitó para que fuera testimonio, sal y luz en un lugar donde usted y yo jamás vamos a poder entrar con la luz del evangelio.

Ejercicios de la Lección 2

1. Primer caso:

Supongamos que a usted le colocan como gerente de una cadena de 20 tiendas que venden vestimentas en diferentes puntos del país. Ha estado siguiendo el desarrollo de una de ellas en particular. Se trata de una tienda que ha estado trayendo ganancias muy pobres, incluso pérdidas en más de un año. Después de analizar las alternativas, usted llega a una conclusión: se debe cerrar la tienda. ¿Cuáles serían las palabras o frases con las que usted se identificaría más al tomar esta decisión? (Haga un círculo alrededor de las correctas)

Corazón	Recuerdos
Buena Administración	Emociones
Soy dueño	Soy Administrador
Lógica	Cabeza
Familia	Dolor

2. Segundo caso:

Hace 15 años que tiene un negocio en su casa. Sus niños han crecido a la sombra de su negocio. Ellos han aprendido lo difícil que es ganar dinero y han aprendido las bases de una buena ética de trabajo, gracias a su exposición al trabajo en el negocio familiar. La gente del barrio le respeta y le conoce por el trabajo que ha estado realizando por tantos años. Usted ha visto nacer y crecer a los jóvenes que hoy vienen a comprar a su negocio y pedir mercadería a crédito. Sin embargo, por el último año y medio su familia ha tenido que vivir casi exclusivamente del salario de su esposa porque su negocio le ha estado trayendo muy poca ganancia, incluso pérdidas. Después de hacer un serio análisis de la situación y de las posibilidades futuras hay un pensamiento que se le cruza en la cabeza: comenzar a buscar un trabajo de tiempo completo y cerrar el negocio. ¿Con qué palabras usted se identificaría más al momento de su "lucha" por llegar a una decisión? (Haga un círculo alrededor de las correctas)

Corazón	Recuerdos
Buena Administración	Emociones
Soy dueño	Soy Administrador
Lógica	Cabeza
Familia	Dolor

3. Siendo el primer caso uno en el que usted cumple un rol de administrador o mayordomo, y en el segundo cumple el papel de dueño, comente las diferencias en la toma de decisiones.

- Si uno es administrador de algo, tomar una decisión financiera es...
- Si uno es dueño de algo, tomar una decisión financiera es...

4. ¿Cómo aplicaría diariamente esa tensión administradores/dueños a la luz de la Palabra de Dios?

Lo Tuyo es Mio y lo Mio es Mio

Explorando el Concepto Bíblico de la Riqueza
por Andrés G. Panasiuk

Cuando el famoso ricachón John Rockefeller murió, nadie sabía cuánto dinero tenía, a pesar de que se suponía que era uno de los hombres más ricos del planeta. Se cuenta que como un año después de su muerte un reportero del Wall Street Journal quiso hacer un artículo sobre la riqueza de Rockefeller, decidió llamar al contador ejecutivo del millonario, y astutamente le preguntó:

Disculpe, señor contador, no sé si usted me podría decir cuánto dejó Rockefeller...

¡Claro que sí! contestó el contador sagazmente -¡Lo dejó todo!

Algunos cristianos hoy viven sus vidas como si, por arte de magia, se pudieran llevar a su mansión celestial todos los "juguetes" que han adquirido en su vida terrenal. Craso error. La Biblia enseña claramente que ninguna de nuestras posesiones aquí las llevaremos allí. Aún más, ninguna de las cosas que hoy vemos en este mundo sobrevivirá al proceso de la segunda venida del Señor Jesucristo. El apóstol Pedro enseña que cuando el Señor venga en gloria "los cielos pasarán con grande estruendo, y los elementos ardiendo serán deshechos y la tierra y las obras que en ella hay serán quemadas", y luego añade una importante advertencia: "Puesto que todas estas cosas serán deshechas, ¡cómo no debéis vosotros andar en santa y piadosa manera de vivir … !" (2 Pedro 3:10-11).

La Palabra de Dios, entonces, enseña que hay dos tipos de cosas en nuestra vida: las trascendentes y las intrascendentes. Las cosas trascendentes son las que han de trascender (ir más allá) de nuestra propia existencia: la Palabra de Dios, el amor, las relaciones con otras personas, los seres humanos, la salvación, la vida eterna. Las cosas intrascendentes son todo lo demás: nuestra casa, nuestro auto, la ropa que vestimos, los artefactos eléctricos, los símbolos de "status" por los que tanto luchamos.

El que tiene una casa de barro quiere una de material, y el que tiene una

21

mula quiere dos. El que tiene una bicicleta sueña con un autito, y el que tiene 100 pesos en el banco quiere tener 200. Sin embargo, la riqueza material es un elemento no-trascendente en nuestra vida y, hasta tanto lo entendamos, vamos a continuar aferrados a ella.

El alto valor que le damos a nuestras cosas materiales no nos permite oír la voz de Dios ordenándonos traspasar sus bienes divinos de nuestra posesión a la posesión de otra persona o entidad. Hasta que no nos demos cuenta del pequeño valor que tiene esa televisión, esa radio o ese videograbador "extra" que tenemos en casa, ni siquiera se nos va a ocurrir buscar a alguien que lo pueda estar necesitando más que nosotros. Si los cristianos hispanos abriéramos nuestros garajes o galpones y donáramos para la obra del Señor todas las cosas que están allí guardadas y que no hemos usado en los últimos seis meses, ¡podríamos comenzar una obra misionera y sostenerla durante los próximos cinco años!

Los cristianos latinos tenemos que empezar a buscar menos los símbolos del "primer mundo" y buscar más el reino de Dios y su justicia. Si entendiéramos en profundidad la intrascendencia de nuestros bienes materiales, el 20% de la congregación ya no tendría que sostener el 80% del ministerio, y retornaríamos al espíritu de los creyentes del primer siglo. Esos fieles cristianos se consideraban "extranjeros", sin hogar en este mundo y preferían invertir en oro, plata y piedras preciosas ¡con entrega "a domicilio final"!

(Para un estudio bíblico más profundo, vea Mt. 6:19-21; Lc. 12:32-34 y 1a Cor. 3:10-15).

Lección 3

Nuestro folklore religioso y la esclavitud financiera

En primer lugar, quisiera que veamos un poco sobre el "folklore" religioso que tenemos en la iglesia acerca del tema de dinero. En segundo lugar, veremos qué significa el concepto de la esclavitud financiera.

III. NUESTRO FOLKLORE RELIGIOSO

A. El dinero es la raíz de todos los males

Una de las cosas importantes en nuestro folklore religioso, (que escuchamos muchas veces) es que "el dinero es la raíz de todos los males". ¿Lo ha escuchado en su iglesia? El dinero, en realidad no es malo ni bueno. Es una herramienta para nuestras vidas. Con él compramos cosas. Podemos vivir en la sociedad en la que Dios nos ha colocado. Podemos invertir, prepararnos para el futuro y planear a corto y a largo plazo.

Fíjese en lo que dice la Palabra de Dios en 1ra Timoteo 6:10:

"Porque raíz de todos los males es el amor al dinero."

Entonces, el dinero no es la raíz de todos los males, es la actitud que yo tengo con respecto a él. Es dónde él está en mi lista de prioridades, en mi lista de aquellas cosas que considero importantes en mi vida. Es el amor al dinero la raíz de todos los males: cuando el dinero viene a formar parte tan importante de mi vida, que empiezo a tomar decisiones basadas en cuestiones económicas o en mi conveniencia financiera, en vez de estar basadas en los principios eternos de la Palabra de Dios. El dinero, entonces, no es malo. Es nuestra actitud hacia él lo que nos arruina.

B. La pobreza es espiritual

Otro concepto que la gente de nuestras iglesias cree es el que la pobreza es un signo de espiritualidad. Eso es una falacia. No es verdad: la pobreza, en realidad, no lo hace a uno espiritual. Si eso fuera cierto, la mayoría del mundo sería muy espiritual.

No es cierto que la pobreza nos hace mejores personas o que nos hace más espirituales. En realidad, la pobreza simplemente nos hace vivir pobres y con necesidades. Si no, pregúntele a la gente pobre que le gustaría tener un par de dólares más para poder comprarse las cosas que necesita para vivir dignamente.

Por otro lado, si somos ricos, podemos llegar a olvidarnos de Dios, porque comenzamos a confiar en nuestras propias propiedades y en nuestras propias cuestiones materiales.

Dice en Proverbios 30:9:

"No sea que me sacie, y te niegue, y diga: ¿Quién es Jehová? O que siendo pobre, hurte y blasfeme el nombre de mi Dios."

La persona más sabia del mundo, Salomón, decía: "Señor, no me des mucho dinero, no sea que me sacie y comience a negarte". Ese es el problema de los ricos: la autosuficiencia, el orgullo personal.

Por otro lado, Salomón agrega: "no me des muy poco dinero, porque si me das muy poco dinero, siendo pobre, puedo comenzar a hurtar y a echarte la culpa a Ti y, de esta manera, blasfemar Tu nombre". Ese es el problema de los pobres: nos escondemos detrás de nuestra pobreza para robar y mentir.

Robamos y mentimos porque "Dios sabe que somos pobres". Es por eso que los derechos de autor (copyrights) no significan nada en nuestras iglesias. Es por eso que no pagamos los impuestos que deberíamos pagar. Es por eso que no obedecemos las leyes de nuestros países e imitamos al mundo tratando de buscarle "la vuelta" a las leyes "injustas" de nuestros gobernantes: porque "Dios sabe que somos pobres".

C. Las Riquezas son una evidencia de la bendición de Dios en nuestras vidas

Esto es también parte del "folklore" evangélico y tampoco es cierto. Esa idea surge de la influencia filosófica del materialismo en nuestros medios: hemos empezado a definir el concepto de "bendición" solamente en términos materiales y positivos.

Si los materialistas entre nosotros tuvieran razón, los apóstoles no hubieran sido bendecidos. El apóstol Pablo, el apóstol Juan, el apóstol Pedro, los apóstoles del Señor Jesucristo terminaron muy mal, y muy pobres. La gente de la primera iglesia, en Jerusalén, también terminó muy pobre ¡y hasta comidos por los leones!

Leemos en las historias del apóstol Pablo que él estaba juntando dinero para los pobres de Jerusalén. ¿Quiénes eran ellos? ¿Era gente bendecida o maldecida por Dios? ¿Qué hay con aquéllos como Timoteo, por ejemplo, que tenía un problema de salud? ¿Qué tal con el apóstol Pablo pobre y enfermo en la prisión de Roma? ¿Qué hay con la historia de Job, cuando él se queda sin un centavo? ¿Era eso una maldición de Dios en su vida? ¡No! Lo querramos aceptar o no, era justamente la voluntad de Dios para Job en ese momento de su existencia. También fue la voluntad de Dios que después recibiera el doble de lo que tenía al principio, cuando él demostró tener la actitud correcta con respecto a sus bienes materiales.

Entonces, la bendición de Dios no necesariamente significa que nos va a dar dinero. El hecho de que tengamos muchas propiedades, mucho dinero y muchas riquezas, es simplemente una cuestión de la voluntad de Dios en nuestras vidas. Él quiere que tengamos riqueza para que la invirtamos, para que seamos sal y luz. Él tiene un propósito para nuestra vida con respecto a la riqueza y también tiene un propósito en nuestra vida con respecto a la pobreza. A veces es muy difícil decirlo... especialmente cuando hemos vivido en carne propia las necesidades que produce la pobreza en nuestras vidas.

Puede que Dios quiera que usted sea rico o puede ser que Dios quiera que usted sea pobre. Lo importante no es que usted concentre su vida en la cantidad de dinero que Dios quiere que usted tenga, sino que usted concentre su mente, corazón y sus fuerzas en obedecerle a El y vivir en el centro de Su voluntad.

Eclesiastés 5:10 dice:

"El que aura el dinero, no se saciará de dinero".

El dinero no le va a saciar. Esto es lo que llamo "el complejo de'un poquito más'". Le preguntaron una vez a Rockefeller: "Usted es el hombre más rico del mundo, ¿Cuánto es suficiente para usted?". Rockefeller miró al reportero y le dijo: "un poquito más". El dinero no le va a saciar jamás. Entonces: la bendición de Dios no tiene que ver con la cantidad de dinero que podamos o no podamos llegar a tener. Tiene que ver con el éxito que tenemos en cumplir con el plan de Dios para nuestras vidas. Tiene que ver con vivir con la paz de Jesucristo en nuestras familias. Tiene que ver con vivir el gozo del Señor en cualquier circunstancia en la que nos encontremos.

D. Los Problemas son Evidencia de Pecado en Nuestra Vida

Otro de los elementos de nuestro folklore religioso (que no es muy bíblico por cierto), es que los problemas siempre son una evidencia de pecado en nuestra vida. Esto tampoco es verdad: la verdad es que ellos a veces sí lo son y a veces no lo son. A veces, simplemente son una evidencia de que Dios está trabajando en nuestras vidas.

Si se encuentra lejos de Dios y está haciendo lo que le parece, si está en desobediencia, los problemas son, probablemente, una consecuencia de ese pecado. Pero si usted está viviendo en obediencia a Dios, una vida que le agrada al Señor y vienen problemas a su vida (como mencioné en la lección anterior, sobre la muerte de la hija de un buen amigo, pastor y asociado mío en el ministerio), son problemas, son circunstancias, son pruebas que vienen a nuestra vida con un propósito. Dios tiene un propósito para las pruebas, para los problemas, para las dificultades en nuestra vida. No es evidencia de que estamos en pecado.

En la Palabra de Dios, en Santiago 1: 2 y 3 dice:

"Hermanos míos, tened por sumo gozo cuando os halléis en diversas pruebas, sabiendo que la prueba de vuestra fe produce paciencia."

Dice la Palabra de Dios que debemos estar gozosos cuando nos hallamos en prueba, porque la prueba de nuestra fe produce paciencia. Es muy interesante la palabra "paciencia". Yo no soy un experto en griego, tampoco trato de serlo. Simplemente estudio la Palabra de Dios. Pero nos dicen algunos expertos que la palabra paciencia, en esa porción en Santiago, es la palabra griega "upomeno", que en realidad más que paciencia significa perseverancia (la Nueva Versión Internacional traduce la palabra como "constancia").

El la palabra que se usaría para describir los sufrimientos del atleta se entrena para una carrera. No sé cómo hacen algunos para correr 5,10 ó 20 kilómetros. ¡Yo me moriría! Pero hay gente que lo hace. Otros se tiran al agua y empiezan a nadar por kilómetros. ¿Cómo logran hacer ese tipo de cosas? Ellos han logrado trabajar en su cuerpo a través del tiempo duramente. Han logrado conseguir perseverancia, consistencia, constancia, fortaleza interior. Dios, muchas veces, trae a nuestra vida perseverancia a través de las pruebas.

Dicen algunos psicólogos y sociólogos que nosotros alcanzamos la madurez a través de los problemas personales. Es por eso que nosotros debemos ayudar a nuestros niños a que pasen a través de las pruebas, pero no evitárselas. Nosotros debemos dejar que ellos experimenten problemas en su vida, y ayudarlos a pasar a través de ellos, pero no sacarlos y ponernos nosotros en su lugar. A pesar de que eso es lo que nos gustaría hacer a todos los padres.

Fíjese que en el Salmo 23 dice:

"Jehová es mi pastor; nada me faltará".

Cuando llega a los "valles de sombra y de muerte" dice que su vara y su cayado me infundirán aliento. No me dice Dios me va a sacar de allí: más bien me va a alentar a traves del valle de sombra y de muerte. Porque esa circunstancia va a producir en mí, carácter, perseverancia. Va a producir que yo sea un mejor cristiano, más fuerte, más centrado en la palabra de Dios, amándole más.

Entonces, los problemas no son siempre una evidencia de pecado en nuestra vida. Los problemas bien pueden ser una evidencia de que Dios está trabajando en nosotros para hacernos más perseverantes, más fuertes, más duros, para poder hacer mejor la tarea del Señor y para amarle más.

Las águilas no nacen sabiendo volar. Si toma un gorrión y lo pone en una jaula y luego de un año, después de que ha crecido, abre la jaula y lo deja salir, el gorrión va a salir volando, porque nació con una capacidad innata de volar. Las águilas no son así. Ellas necesitan aprender a volar. Entonces, mamá águila se para con todos los aguiluchos en el nido y mueve las alas, para mostrarles cómo se hace para volar. Los aguiluchos miran a su mamá. No saben para que sirve todo ese movimiento, sin embargo la imitan y mueven sus alas también

Pero un día el águila toma esos aguiluchos y los lleva bien alto... para dejarlos caer! Es entonces cuando esos aguiluchos aletean como nunca han aleteado en su vida y aprenden a volar ¡o mueren en el intento!

Lo mismo ocurre con nuestras vidas. Dios nos enseña con su Palabra. Usted va a la iglesia y el pastor le enseña (aletea desde el púlpito). El maestro de la Escuela Dominical le enseña (aletea desde el frente de su clase). Usted no sabe para qué sirve, pero toma notas (aletea desde su banco). Pero un día, Dios le toma y le lleva a la cima de una montaña y desde allí lo lanza al vacío.

Ahí usted se acuerda de las cosas que ha estado aprendiendo en la iglesia, las cosas que ha escuchado decir a su pastor. Se acuerda de las canciones que ha escuchado, que le sirven de aliento y de crecimiento espiritual. Entonces, aprende a volar como un águila y aprende a ser el tipo de cristiano que Dios quiere que usted sea.

Así es que, los problemas no son una evidencia de pecado en su vida. Es una evidencia de que Dios quiere trabajar en su vida.

IV. LA ESCLAVITUD FINANCIERA

A. Definición de Esclavitud

Esclavitud financiera es cualquier cosa material que toma el lugar de prioridad en nuestras vidas que le corresponde a Dios. Hay un lugar de prioridad que tiene Dios en nuestras vidas y cuando hay otra cosa que toma ese lugar, entonces eso nos esclaviza. La Palabra de Dios dice que no podemos ser esclavos de dos maestros, o servir a dos señores. Servimos a Dios o servimos a las riquezas.

En nuestra vida financiera somos esclavos de Dios o somos esclavos de Satanás. Entonces, vivimos una vida libre en el Señor Jesucristo o una vida esclavizada financieramente.

Proverbios 22:10 dice:

> *"La bendición de Jehová es la que enriquece, y no añade tristeza con ella".*

Es la "bendición de Jehová" la que nos enriquece (no nuestro arduo trabajo ni nuestros diplomas universitarios). El nos da una cierta cantidad de recursos económicos para vivir mes tras mes. Cuando nosotros vivimos dentro de esa bendición, dice Su Palabra, esa situación económica no trae "tristeza" a nuestras vidas. Sea poco o sea mucho. Pero cuando nos salimos de esa bendición (a través de préstamos, uso de tarjetas de crédito y malabares financieros), lo primero que perdemos es... la paz.

B. Síntomas de la Esclavitud Financiera

Tal vez usted se pregunta: "¿Cómo sé si estoy en esclavitud financiera? Déjeme proveerle de algunos síntomas de la esclavitud financiera:

1. Preocupación. En realidad, estamos hablando de una preocupación constante. No de la preocupación normal de tener que pagar las cuentas de luz, gas, alquiler, etc. cada mes. Estamos hablando de que la persona camina y está pensando en sus problemas financieros; trabaja y está pensando en sus problemas financieros; come y está pensando en sus problemas financieros; duerme y ¡sueña con sus problemas financieros! Se despierta más cansado porque sus problemas económicos no lo dejan dormir en paz...

2. Mal humor, enojo. La persona está de mal humor, enojado, airado. Llega a su casa, golpea la puerta, patea al perro, le pega al gato, ahoga el canario, le grita a su esposa, maltrata a sus hijos... "Parece que papá tuvo un mal día hoy", dicen sus hijos. Pero, en realidad, parece que papá no sólo hoy ha tenido un mal día. Parece que ayer también ha tenido un mal día y, en realidad, parece que hace un par de meses que papá (o mamá, da lo mismo para el caso) está teniendo todos los días "malos días".

3. Avaricia. El tercer síntoma es el de la avaricia. Como resultado de estar demasiado apretado por las cuestiones de dinero, muchas veces la persona entra en un estado de supervivencia. Como la falta de dinero puede afectar su propia existencia como familia o como individuo, la persona comienza a concentrarse en sí misma y y no tiene espacio para los demás en su vida.

4. Resentimiento. Muchas veces, la situación de esclavitud financiera viene como resultado de malas inversiones o malos negocios en los que nos involucramos por no seguir principios sólidos de manejo económico. Ello nos lleva al resentimiento con aquellos que nos han defraudado.

Por otro lado, la avaricia también nos lleva al resentimiento. Muchas veces nos sentimos mal con la gente porque estamos con problemas personales y eso nos lleva a resentirnos con aquellos con los que trabajamos.

5. Indulgencia. Muchas veces la situación de presión que vivimos a causa del dinero nos lleva a gastar más de lo que debieramos. Decimos: "Ya no aguanto más, ya no puedo más. Tengo tanta presión que lo que necesito son unas vacaciones". Y no nos tomamos unas vacaciones para ir a ver una tía que vive a 50 Km de distancia. Nos vamos en un crucero, o de pronto nos compramos un auto nuevo.

Los hombres especialmente, tenemos la tendencia de que cuando nos sentimos mal, vamos y compramos algo que cuesta una buena cantidad de dinero. Nos compramos una nueva computadora, un nuevo programa (el que siempre quisimos), una guitarra, un auto, un bote.

Muchas veces, incluso, derrochamos dinero en comprar regalos a nuestro cónyuge porque como estamos airados, enojados, de mal humor, le hemos tratado mal y creemos que con un buen regalo podemos solucionar esas ofensas, al menos por el momento. El problema es que esta solución a corto plazo nos produce una situación mucho más seria a largo plazo que realmente pondrá en peligro de vida o muerte a nuestra relación de pareja.

6. Inadecuado mantenimiento de datos. A lo que me refiero con esto de inadecuado mantenimiento de datos, es que no tenemos la menor idea a dónde se nos va el dinero. Llegamos a fin de mes, nos sentamos con nuestro cónyuge a la mesa y empezamos a preguntarnos: "¿En qué se nos fue el dinero?". Entonces, entramos en una situación en la que el dinero se nos va como agua entre las manos. Se nos va como arena entre los dedos.

C. Causas de la Esclavitud

1. Ignorancia sobre temas financieros. No es que seamos tontos. Si usted ha vivido hasta ahora, quiere decir que no es un tonto. No ha andado tan mal. Ha sobrevivido. Ha aprendido a manejar cierta cantidad de dinero de alguna manera. Lo que pasa es que muchas veces no tenemos la información necesaria para tomar decisiones económicas de acuerdo a la eterna Palabra de Dios. Somos ignorantes sobre temas financieros desde el punto de vista bíblico. Proverbios 24:3 y 4 dice:

"Con sabiduría se edificará la casa, y con prudencia se afirmará; y con ciencia se llenarán las cámaras de todo bien preciado y agradable".

No es que la gente sea tonta. Es que no tiene la información adecuada. Se necesita sabiduría, conocimiento, práctica, saber, y también leer libros como éste. Seguramente cerca de su casa, en su ciudad, en una librería cristiana, debe haber otros materiales. Léalos y prepárese.

A veces cuando nosotros queremos arreglar el auto, especialmente los varones, vamos y miramos en el manual que vino de la compañía. Leemos toda la información y todas las instrucciones. Después vamos y lo arreglamos, porque nos preparamos. Las señoras tienen un libro de recetas de comida, y dicen: "hoy voy a hacer un postre." Van al libro de recetas, buscan todos los ingredientes y trabajan en hacer el postre, o la comida sofisticada que querían hacer.

Pero cuando llegamos a las finanzas, no leemos nada, no nos preparamos, no le preguntamos a nadie cómo manejar mejor las finanzas. Las mantenemos, como le decía anteriormente, en un área oscura de nuestra vida. No le comentamos nuestros problemas a nadie. Es un área que nadie sabe qué es lo que estamos haciendo. Pero Dios sí lo sabe. Así es que Dios le quiere desafiar ahora mismo a que se prepare.

Entonces, aquí quiero remarcar tres palabras de ese versículo y darle tres consejos prácticos, tres principios que le ayudarán a manejar mejor sus finanzas. Las tres palabras son: sabiduría, prudencia y ciencia.

Sabiduría no es conocimiento, tampoco es información. Es información, conocimiento y entedimiento sumados al criterio de saber que es lo correcto que se debe hacer a la luz de la Palabra de Dios. Santiago 1 nos enseña que si alguno de nosotros tenemos necesidad de sabiduría, se la pidamos al Señor. Proverbios nos indica que el comienzo de la sabiduría es el temor (el respeto, la obediencia a los preceptos) de Jehová.

Entonces, mi primer consejo: comience el día de hoy a orar con regularidad: "Señor, necesito de Tu sabiduría para manejar mi vida económica y me comprometo delante de Ti a obedecer Tus preceptos". Nosotros lo hacemos en casa y ha revolucionado la forma en la que tomamos decisiones económicas. Ahora buscamos la sabiduría de Dios antes de cualquier compra o inversión y vivimos tratando de aprender cuáles son sus enseñanzas sobre cómo debemos manejar nuestra vida financiera.

Prudencia, a pesar de lo que alguna gente diga por allí, no es el nombre de la vecina que vive a la vuelta de su casa (algunos han pensado que el texto se refiere al nombre de la suegra o la tía política favorita). Seriamente ahora: prudencia es escencial para el éxito económico a largo plazo. Muchas de las pérdidas económicas que vemos entre los cristianos el día de hoy se deben a malas inversiones y apresuradas decisiones en el ámbito de los negocios.

Segundo consejo: comience a aplicar la prudencia al momento de tomar decisiones económicas. Tómese un tiempo razonable para orar y buscar en la Palabra de Dios la dirección del Señor en las inversiones más pequeñas y, por lo menos, una semana antes de decidir por las más importantes (a pesar de que usted "sienta" que el Señor quiere que haga algo. Recuerde: "engañoso es el corazón...")

Finalmente, la palabra "ciencia" se traduce en la Nueva Versión Internacional como "buen juicio". La única manera de poder tener buen juicio en la toma de decisiones es tener la información correcta, educarse. Es por eso que usted está pasando a través de un curso como éste. Es por eso que Conceptos Financieros Cristianos ha desarrollado decenas de libros y materiales para ayudarle a educarse en los principios de la Palabra de Dios para llegar a ser el administrador que Él quiere que usted sea.

Tercer consejo: edúquese. Invierta tiempo de ahora en adelante para aprender sobre el tema de la mayordomía integral: cómo Dios quiere que usted administre las tres "t": tiempo, talento y tesoros (materiales y no-materiales).

2. Actitudes erróneas. En segundo lugar, vemos otra causa de la esclavitud financiera son actitudes erróneas con respecto al dinero. Dice Santiago 3:16:

"Porque donde hay celos y contención, allí hay perturbación y toda obra perversa."

Donde hay una actitud errónea frente a la vida, hay problemas. Si tiene una actitud errónea con respecto al dinero, va a tener problemas al respecto. Si tiene una actitud errónea con respecto a las relaciones interpersonales, va a tener problemas con la gente, va a tener problemas con su esposa(o).

Muchas veces tenemos una actitud errónea con respecto al dinero: orgullo, celos, avaricia, competencia. Ponemos en práctica en nuestra vida aquel famoso dicho latinoamericano que dice: "¿A dónde va Vicente?... ¡A donde va la gente!"

Nos dejamos llevar por la sabiduría popular, por la forma en la que se comportan nuestros compatriotas y nos olvidamos del mensaje central de Romanos 12: 1 y 2. Esa es la razón por la que también sufrimos de las mismas penurias financieras que nuestros compatriotas.

3. Planeamiento inadecuado. Una tercera causa por la que la gente llega a la esclavitud financiera es porque no planea su vida económica de una forma responsable. Proverbios 16:9 dice:

"El corazón del hombre piensa su camino; mas Jehová endereza sus pasos."

Eso nos enseña que en el proceso de planeamiento de nuestra vida hay dos partes escenciales: el elemento humano y el elemento divino. Las dos necesitan estar allí para que haya el éxito esperado.

Nosotros planeamos muy poco, muchas veces porque tenemos alguna idea otro-mundista. Pensamos que el Señor ya viene en su gloria y en cualquier momento nos arrebata y nos lleva al cielo, "Para qué vamos a planear si de todas maneras el Señor nos va llevar? ¿Quién es usted para decirle al Señor cuándo tiene que venir a esta tierra? Si él tiene que venir este año o el año que viene, o antes del año 2010 ó 3000, o después del año 5000. ¿Quién es usted para imponerle a El una fecha?

El Señor Jesucristo nos dijo bien claro que nadie sabe el día ni la hora. Eso quiere decir que Jesucristo puede venir hoy, antes de usted termine de leer este libro, o puede venir en el año 5000. ¿Cuál es su responsabilidad y mi responsabilidad? Nuestra responsabilidad es la de serles fieles a El. En 1 Corintios 4:2.

"Se requiere de los administradores que cada uno sea hallado fiel"

Nuestra responsabilidad no es la de limpiar la casa porque el Señor puede llegar esta noche; sino mantenerla siempre limpia a pesar de que El no llegue hasta mañana por la tarde.

Tenemos que aprender, como decía D. L. Moody, un famoso evangelista, a "planear como si viviéramos 100 años. Y debemos aprender a obrar y trabajar como si no llegáramos al final de este día". Entonces, comencemos a orar y a planear como si fuéramos a vivir de aquí a 100 años. Pero, por otro lado, comencemos a trabajar como si el Señor viniera ya mismo.

Por eso tenemos que poner las manos en la masa hoy. Tenemos que comenzar a resolver los problemas, a cambiar la forma en la que vemos el mundo, y la forma en que estamos trabajando ahora mismo. No mañana. No pasado. No la semana que viene. Es hoy cuando tenemos que comenzar a hacer algunos cambios.

Si usted está viendo que necesita hacer algunos cambios en cuestiones que tienen que ver con su planeamiento financiero, ahora mismo es el momento de comenzar a hacerlos, porque el Señor viene en cualquier momento y nuestra tarea es manejar el patrimonio que nos confió en todos estos años con absoluta fidelidad a Su Palabra.

Ejercicios de la Lección 3

1. Primer caso

Un hermano de la iglesia le comenta que ha estado leyendo sobre la vida de San Francisco de Asís. Le dice que ha quedado impresionado por la decisión de San Francisco de donar todas sus riquezas y vivir una vida de hombre pobre sirviendo a Dios. Termina su comentario expresando que el dinero es un serio problema en la sociedad de hoy y que "habría que ver cómo mejorarían sus vidas algunos de los ricachones de la congregación si Dios les pidiera que vivieran como San Francisco".

¿Usted que le contestaría?

2. Segundo caso

Usted se encuentra nuevamente con Ignacio y María Rosa. Ahora se entera que la empresa de los padres de María Rosa no está pasando por un buen momento económico. Ella ha tenido que renunciar a su trabajo en la compañía de su padre y está buscando otro empleo. Algunos hermanos de la iglesia han sugerido que su padre está pasando por un mal momento económico porque ha perdido la bendición de Dios. Seguramente había algún pecado que se estaba cometiendo en el manejo de la empresa y ahora su familia está pagando las consecuencias.

Con la Biblia en la mano, ¿cuáles serían los dos principios que usted compartiría con esta pareja?

3. Defina "esclavitud financiera", y en forma muy breve dé ejemplos en tres casos en los que gente de su comunidad, su familia o sus amigos hayan caído en esa situación.

El dinero no hace la felicidad, pero...

Explorando el Concepto Bíblico de la Riqueza

por Andrés G. Panasiuk

El orador se detuvo en una pausa que flotó en el escenario provocando que su audiencia lo mirara con atención. Luego, con una voz pausada, serena, casi íntima comenzó el cierre de su idea frente a un público en expectativa:

"Recuerdo la vez que un pastor vino a mi consultorio financiero. Quería que le ayudáramos. Su salario era tan bajo que había perdido su casa y estaba al borde de la bancarrota. Tenía tantas deudas encima que no podía ni siquiera alimentar a su familia." Hizo una pausa más, y entonces agregó: "¿Qué quieren que les diga? Yo no creo que Dios quiera que Sus hijos vivan en esta pobreza." Y entonces, con una chispa de picardía que pasó desde sus ojos a su voz comentó: "Es cierto que el dinero no hace la felicidad, ¡pero ayuda!" A lo que todos nosotros asentimos con aplausos, silbidos y risas.

Mientras la conferencia económica continuaba, yo escribí en un pequeño papelito: "Dios, dinero, felicidad". Una interesante trilogía. Sin embargo, había algo en la propuesta que no tenía sentido, que no encajaba bien. Decidí entonces que alguna vez iba a escribir algo con respecto al tema.

¿Será que Dios nos quiere ricos o nos quiere pobres?

Yo creo que Dios nos quiere ricos... y también nos quiere pobres. La Biblia nos dice claramente que Dios tiene un plan para nuestras vidas. Un plan de paz y no de mal. Un plan que incluye un bienestar especial para cada uno de nosotros (Juan 10:10; 14:27; 6:33).

En Deuteronomio 28 Dios hace una serie de promesas de prosperidad económica a Su pueblo si ellos están dispuestos a obedecerle. El Salmo 1 expresa claramente que el hombre íntegro es un hombre bajo la bendición de Dios y que todo lo que hace ha de prosperar. En Jeremías 29:11 Dios le dice al pueblo de Israel: "Porque yo sé los pensamientos que tengo acerca de vosotros... pensamientos de paz, y no de mal, para daros el fin que esperáis".

Abraham era un hombre decididamente rico. También lo eran Isaac y Jacob. José fue uno de los hombres más ricos e influyentes de la antigüedad, lo mismo que Moisés, Salomón y la reina Ester. Otros personajes económicamente establecidos fueron Nehemías, Daniel (profundamente respetado aún en estos días en muchas naciones orientales), Mateo, Zaqueo, Nicodemo, Teófilo, Filemón y muchos otros más tanto en el Antiguo como en el Nuevo Testamento.

Sin embargo, afirmar que los planes de Dios para nuestra vida pasan con certeza por el ámbito del éxito económico es, por un lado, ignorar las Escrituras y, por el otro, caer víctimas de uno de los sistemas de pensamiento del mundo de hoy. El apóstol Pablo en Romanos 12:2 nos advierte claramente de que no debemos "tomar la forma" de la sociedad que nos rodea, sino que debemos transformar nuestra visión del mundo cambiando la manera en la que pensamos.

El creer que Dios siempre quiere que seamos ricos significa haber caído en la trampa de una filosofía no-cristiana que ha ganado una increíble popularidad desde el final de la guerra fría: la filosofía del materialismo.

Es cierto que Job fue un hombre rico. Pero también por un tiempo fue pobre. Es cierto que Jacob fue un empleador de muchos siervos, pero también fue empleado de su suegro. Es cierto que Moisés se crió en la casa de Faraón, pero también fue pastor de ovejas por 40 años. Es cierto que José y Daniel fueron hombres ricos e influyentes, pero también fueron pobres y esclavos en su época.

Si alguno de los "maestros económicos" que viajan por Latinoamérica en estos días hubieran visto a José ser encerrado en lo profundo del calabozo de Faraón, probablemente hubieran meneado la cabeza y hubieran dicho que José era, de seguro, un "perdedor". Además, hubieran concluido que, seguramente, se encontraba allí por algún pecado cometido (después de todo, "cuando el río suena, agua trae" ¿no?), y hubieran enseñado a sus seguidores que la voluntad de Dios no era que José estuviera viviendo tan pobre y tan miserable.

Sin embargo, esa conclusión se opone diametralmente a la de las Sagradas Escrituras, que, en Génesis 45:5-8, nos enseñan que la miseria de José y todos sus sufrimientos ¡eran parte del plan de Dios para su vida! Lo mismo ocurrió con Job (que nunca se enteró por qué le pasó lo que le pasó), con Mardoqueo, con Daniel, con Jacob, con Moisés. Hombres que, en algún momento de sus vidas, tuvieron que pasar por la pobreza, la persecución y la miseria para cumplir con lo que Dios les tenía preparado.

Por otro lado, puede que Dios no sólo llame a alguien a pasar por la pobreza para vivir en la riqueza, pero también puede ser que llame a alguien que está viviendo en la riqueza a dejar su situación de holgura económica para vivir en la pobreza. Ese es el caso de Moisés, que tuvo que dejar los lujos del palacio de Faraón para guiar al pueblo de Israel a través del desierto; o el caso de Nehemías, que dejó la corte de Artajerjes para reconstruir la ciudad de Jerusalén.

En el Nuevo Testamento encontramos a un "joven rico" al que Jesucristo le pide que deje todas sus posesiones económicas antes de seguirle, también encontramos a un Mateo dejándolo todo y siguiendo a Jesús hasta la muerte, a un Saulo de Tarso, abandonando un futuro prometedor por las persecuciones, la cárcel y el patíbulo, o a un grupo de creyentes en Hechos 2 que venden sus propiedades para repartirlas a aquellos que están en necesidad.

Finalmente, puede que Dios tenga en mente llamar a alguien que está en la pobreza a vivir pobre el resto de su vida. Ese es el caso de Isaías, Jeremías, los profetas menores, la gran mayoría de los apóstoles y los discípulos del Señor Jesucristo del primer siglo. También es el caso de la gran mayoría de los mártires de la Iglesia de nuestros días.

El hecho de que el apóstol Pedro, el apóstol Juan o San Pablo hayan muerto pobres, perseguidos y enfermos no quiere decir que hayan estado bajo una maldición de Dios ni que hubieran estado fuera de la voluntad de Dios para sus vidas. Todo lo contrario. Ellos la estaban cumpliendo al pie de la letra, aún cuando no disfrutaban de prosperidad económica.

Entonces, basados en estos ejemplos bíblicos, parece obvio que los planes de Dios para nosotros, los "pensamientos de paz y no de mal", no implican necesariamente abundancia financiera. Puede que sí, puede que no. Puede que Dios quiera que seas rico con un propósito determinado, puede que Él quiera que seas pobre con un propósito determinado.

El sincretismo evangélico

El problema en las iglesias latinoamericanas de hoy que han sido afectadas por la filosofía secular del materialismo es que siempre se define el concepto de "bendición" en términos materiales y positivos.

La felicidad, entonces, se queda pegada a la idea de que la voluntad de Dios para nuestra vida tiene que ver, de alguna manera, con nuestra capacidad de compra y con las cosas "buenas" que nos pasan a diario. Este es un buen ejemplo de sincretismo en la iglesia evangélica de nuestros días.

Como resultado de la conquista, el catolicismo se asoció con las religiones paganas de nuestros pueblos para incorporar, por ejemplo, a la "pacha-mama" a su vida religiosa. Hoy, los evangélicos nos hemos asociado al capitalismo para ¡incorporar el culto a la "money-mama" a nuestra vida religiosa!

Sin embargo, Jesucristo expresó claramente que los valores trascendentes son mucho más importantes que los intrascendentes, que no debemos sacrificar las cosas eternas en pos de lo pasajero. El mismo nos da el principio de vida que nos debe llevar hacia la felicidad. Nuestro Señor dice en el capítulo seis de San Mateo: "¿No es la vida más que el alimento, y el cuerpo más que el vestido?"

¿Qué hace la felicidad?

Un importante principio para recordar, entonces, sería que la tarea más importante en la vida es, justamente, vivir. Donde "vivir" significa mucho más que meramente existir. Significa parar de correr detrás de las cosas materiales y superficiales y comenzar a perseguir las cosas más profundas de la vida.

Aquí va un examen para probar sus conocimientos del tema:

En un interesante estudio realizado recientemente por la televisión educacional norteamericana sobre el consumismo en el país y publicado en la Internet (http://www.pbs.org/kcts/affluenza/diag/what.html), se descubrió que el porcentaje de norteamericanos que respondieron al estudio diciendo tener vidas "muy felices" llegó a su punto más alto en el año... (usted elige):

(1) 1957   (2) 1967   (3) 1977   (4) 1987

La respuesta correcta es la uno. La cantidad de gente que se percibía a sí misma como "muy feliz" llegó a su pico máximo en 1957 y se ha mantenido bastante estable o a declinado un poco desde entonces. Es interesante notar que la sociedad norteamericana de nuestros días consume el doble de bienes materiales de los que consumía la sociedad de los '50. Sin embargo, y a pesar de tener menos bienes materiales, se sentían igualmente felices.

Aprender a "vivir", entonces, significa aprender a cumplir con la voluntad de Dios, poner en práctica los talentos y dones que Él nos ha dado, concentrarnos en las cosas trascendentes como: servir y enriquecer la vida de nuestro cónyuge, amar y enseñar a nuestros hijos, desarrollar nuestra vida personal y profundizar nuestra relación con el Señor.

Jesucristo dijo: "...la vida del hombre no consiste en la abundancia de los bienes que posee" (Lucas 12:15). Vivir nuestra vida, y vivirla en abundancia, significa aprender a disfrutar el ver a nuestros niños jugar en el fondo de la casa. Significa la lágrima derramada después de orar y darles el besito de las buenas noches. Significa preocuparnos por la vida de la gente, ayudar a pintar la casa del necesitado, arreglarle el auto a una madre sin esposo, y escuchar en silencio hasta cualquier hora de la noche el corazón del amigo herido.

Vivir en abundancia significa predicar las buenas nuevas a los pobres y a los ricos, pregonar el año agradable del Señor a los vecinos, aprender a restaurar al caído y a sanar al herido. Significa, para los varones, poder mirar a nuestra esposa a los ojos y decirle "te amo ". Poder llegar a ser un modelo de líder-siervo para nuestros niños. Significa dejar una marca más allá de nuestra propia existencia.

Ese, creo yo, es el concepto bíblico de vivir en abundancia. Ese es el tipo de vida que Dios quiere de nosotros. Ese es el oro, la plata y las piedras preciosas con las que Jesucristo quiere que construyamos nuestras mansiones en el cielo. Esa es la idea de ser "rico para con Dios", que surge de Lucas 12:21.

Poco tiene que ver este concepto de la felicidad y la satisfacción personal con las enseñanzas del "evangelio de la seguridad económica". Poco tiene que ver con lo que se enseña en los círculos afectados por el materialismo de hoy. Si en algo estoy de acuerdo con el orador de la otra noche es que "el dinero no hace la felicidad", y, sinceramente, no sé hasta cuánto "ayuda".

Unidad 2

"Estableciendo metas para la libertad económica"

Lección 4

Estableciendo metas para la libertad Económica

En las lecciones anteriores tratamos de identificar nuestras actitudes con respecto al dinero. Estudiamos el por qué debemos preocuparnos y hablar sobre cuestiones de dinero. También vimos algunos conceptos básicos que dice la Biblia sobre el dinero, sobre la riqueza y sobre la mayordomía.

También hablamos sobre cuáles son algunos elementos de nuestro folklore religioso. Algunos dichos interesantes que dice la gente en las iglesias, que suenan bastante bien, como por ejemplo eso de que "al que madruga Dios lo ayuda" o eso de que "el dinero es la raíz de todos los males".

Finalmente mencionamos un concepto muy importante que es el de la esclavitud financiera. Definimos esclavitud como "cualquier objeto material que toma la prioridad en nuestra vida que le corresponde a Dios".

Ahora, nos vamos a concentrar en establecer metas para la libertad económica. Queremos traerle algunas soluciones. Por eso, vamos a estar analizando diferentes metas para la libertad económica. Una definición divina, bíblica, de la libertad económica la encontramos en el libro de Proverbios 10:22. Observe lo que dice:

> *"La bendición de Jehová es la que enriquece, y no añade tristeza con ella."*

Creo que hay tres elementos bien importantes en este versículo de Proverbios:

- En primer lugar, vamos a ver la presencia de la bendición de Jehová sobre una vida que está económicamente libre.

- En segundo lugar, vamos a ver que la bendición que viene de Dios es la que enriquece. Ahí está la riqueza.

- Y en tercer lugar, vamos a ver la paz de Dios para nuestras vidas. Cuando la riqueza viene a nuestras vidas, es decir la que viene de Dios, no trae tristeza, problemas, tensiones, preocupaciones, situaciones económicas terribles, sino que trae paz a nuestra vida. Él no añade tristeza con ella.

Yo creo que la libertad económica se define de esa manera: Dios, riqueza y paz en nuestra vida. En alcanzar ese balance está el secreto para vivir una economía familiar y personal verdaderamente sana. Veamos cuáles son estos requisitos para la liberación económica.

I. REQUISITOS PARA LA LIBERTAD ECONÓMICA.

A. Transferir Nuestras Posesiones a Dios

Lo que primero tenemos que hacer es aprender a transferir nuestras posesiones al dueño de las mismas. Proverbios 11:28 dice:

"El que confía en sus riquezas caerá."

Es tiempo ya de que nosotros, como cristianos, reconozcamos Quién es el Dueño del universo. Recuerde lo que dice el Salmo 24:1:

"De Jehová es la tierra y su plenitud, el mundo, y los que en él la habitan. Porque él la fundó sobre los mares, y sobre los ríos la afirmó."

De El es la riqueza que tenemos. De El es todo, sea mucho o sea poco; sea que tengamos un auto o una bicicleta. Sea que tengamos una casa grande o una pequeña, o no tengamos casa. Todas las cosas que tenemos, nuestras posesiones materiales y también nuestra familia. Todo ha venido de la mano de Dios y nosotros, en primer lugar, debemos reconocer quién es el Dueño de esas posesiones.

Recuerdo la historia de un señor muy rico, que tenía como 60 años de edad. Él compraba y vendía casas. En la época de los 80, hubo un bajón en los negocios de bienes raíces, y había perdido 10 millones de dólares. Un día fue al consultorio de un consejero financiero cristiano y le dijo: "Estoy perdido, estoy arruinado. No sé que hacer. Estoy en una depresión terrible". Entonces, leyendo este pasaje de Salmos, justamente, reconoció de quién es la riqueza, quién se la dio y quién la tomó de él. Logró decir: "¿Sabe qué? Lo que voy a hacer es confiar en el Señor en este momento difícil. Voy a poner mi vida en las manos de él, y si en mi vida económica he podido hacer, hasta el día de hoy, tanto dinero, también puedo hacerlo más adelante. Así, de la misma manera en que gané esos 10 millones, puedo hacer otros 10 millones más".

Hace no mucho tiempo atrás, este señor hizo la venta inmobiliaria más grande del suroeste de Estados Unidos, en un área del estado de Texas. Y acaba de cobrar, de una venta solamente, una comisión de 3 millones de dólares. El Señor le bendijo y le dio el dinero de vuelta porque él estaba dispuesto a decir: "Señor, si Tú me lo quitaste, pues es Tu voluntad. Te lo voy a entregar en Tus manos y si Tú me quieres dar el dinero de vuelta, me lo vas a dar. Lo único que yo tengo que hacer es ser obediente a tu Palabra".

Entonces, el primer requisito para la liberación es transferir nuestras propiedades y nuestras posesiones, a quien realmente se lo merece, que es Dios.

B. Aceptar la Dirección de Dios

En segundo lugar, debemos aprender a aceptar la dirección de Dios en nuestras vidas. Es importantísimo que nosotros aprendamos a obedecer Su Palabra, a pesar de que no nos convenga económicamente (como, por ejemplo, en el área de pagar los impuestos de nuestro país a pesar de saber que si lo hacemos, probablemente perdamos mucho dinero). Dice Proverbios 3:5:

"Fíate de Jehová de todo tu corazón, y no te apoyes en tu propia prudencia."

Fíate de Jehová. Él sabe lo que está haciendo en tu vida. Job nunca supo por qué Dios le quitó todo lo que le dio. Después le dio el doble de lo que tenía antes. Una de las cosas interesantes en el libro de Job es que Job no se enteró jamás de por qué le pasó lo que le pasó. El solamente supo que perdió todo, excepto su esposa, y luego el Señor le dio el doble.

Los caminos del Señor son senderos que nosotros no entendemos. No sabemos por qué a veces el Señor nos permite pasar a través de momentos difíciles. El Señor a veces permite que vayamos a través de valles de sombra de muerte. El por qué no lo sabemos, así que confiemos en el Señor.

Fíate en Jehová y no en tu propia prudencia. Confía que Él está haciendo Su trabajo. Cielo y tierra pasarán, pero Su Palabra no pasará. Recuerde que la principal misión que usted tiene en esta tierra no es la de desarrollar un negocio exitoso, ni la de acumular riquezas arrebatadas a los injustos. Nuestra principal misión aquí en la tierra es la de serles fieles a Jesucristo.

C. Establecer Prioridades Correctas

En tercer lugar, debemos aprender a establecer las prioridades familiares correctas. El Salmo 127:2 dice:

"Por demás es que os levantéis de madrugada, y vayáis tarde a reposar, y que comáis pan de dolores; pues que a su amado dará Dios el sueño. "

Es importante recordar que Dios está en control de nuestra vida. Él está en control de nuestro futuro. Nosotros debemos simplemente establecer las prioridades que corresponden para nuestra vida, para que así nosotros estemos de acuerdo con su voluntad; estemos obedeciéndole. Y entonces, en obediencia a él, él nos pueda bendecir.

Este mundo tiene las prioridades familiares "patas para arriba". Haciendo consejería bíblica en mi iglesia, muchísimas veces me he dado cuenta que los cristianos tenemos el mismo tipo de prioridades que tiene el mundo. Las tenemos "patas para arriba".

Una de las cosas que hago con los jóvenes que vienen a consejería prematrimonial, es exigirles que lean el libro de Larry Burkett: "La familia y sus finanzas", y también que vean el video, para que se establezcan dentro de un parámetro, dentro de un presupuesto.

Otra cosa que hago con ellos es un ejercicio que me gustaría hacer con usted. Así que, si tiene lápiz y papel a la mano, me gustaría que juntos hagamos un ejercicio.

En primer lugar, quisiera que escribiera cuáles son las cinco prioridades más importantes en su vida: su esposa (o), su familia, Dios, el trabajo, los estudios, los suegros, los primos, los amigos, los deportes, la casa, la construcción de su casa, etc. Si usted está con su esposa(o), entonces cada uno haga sus propias notas. No se copien y establezcan cuáles son sus prioridades.

(Dése tiempo para hacer el ejercicio. Si está viendo el video, deténgalo por un momento para hacer sus notas)

Si escribió las cinco prioridades más importantes de su vida, ahora quiero que en otro papel escriba cómo gasta su tiempo. Ponga en el papel de lunes a domingo. Cuente la cantidad de horas que usted pasa durmiendo; en el trabajo; si va a la iglesia dos o tres veces a la semana y pasa de 6 a 10 horas ahí; si va a un club varias veces por semana; si tiene algún trabajo extra; si gasta más de dos horas para regresar de su trabajo, eso serían 14 horas por semana que se pasa viajando; si toma tiempo los fines de semana para salir a acampar o a pasear. Escriba, en grandes categorías, cómo está pasando su tiempo, cuántas horas está dedicando a cada cosa.

(Tómese el tiempo de hacer el ejercicio. Si está mirando el viedo, deténgalo, por favor).

Esto es importante, espero que usted lo haya hecho. Ahora, tenga esos dos papeles a mano. Mire cuáles son sus prioridades en la vida. Mucha gente pone a Dios como primera prioridad. Otra gente pone a la familia o el trabajo. Cualquiera haya sido su primera prioridad, convérselo con su cónyuge. Fíjese cuáles son sus prioridades en la vida. Ahora tome el otro papel y fíjese cómo gasta su tiempo. Se dará cuenta que el orden en el que se encuentran son casi opuestos.

Déjeme decirle cuáles son mis prioridades en la vida y cuáles creo que son las prioridades sanas que debemos tener:

44

1. Dios. (Lucas 12:31) Dios tiene que estar en primer lugar. El debe ser nuestra prioridad, en mi vida y en su vida. Si usted es creyente, ha sido comprado con la sangre de Cristo, debe ser Dios, no la iglesia, no el trabajo de la iglesia, no el asistir a la iglesia. A veces nos confundimos y pensamos que si vamos mucho a la iglesia, entonces es que estamos poniendo a Dios en primer lugar en nuestra vida.

La Palabra de Dios dice que si queremos desarrollar una relación personal con él, debemos pasar tiempo charlando y comunicándonos con él. Lamentablemente, mucha gente usa a Dios en estos días. Muchos tienen la idea de que Dios es un mercado donde uno va a pedir cosas: "Dios dame esto, dame aquello" "Sáname; ámame; arréglame este problema". Y tenemos una relación personal con Dios, un poco enfermiza, una relación en la que nosotros somos el centro de la relación y no Dios.

Tratamos a Dios como el mago de la lámpara de Aladino. Él frotaba la lámpara y el mago salía y le decía: "¿Qué tres deseos quieres que te conceda?". Tratamos a Dios como a ese mago. Estamos viviendo en una sociedad de consumo y hemos aprendido a "consumir a Dios". Le tratamos como un proveedor de servicios.

Yo tengo dos hijas, y quizás usted también tiene hijos. Se imagina usted, si cada vez que su hijo viene a verle y le habla le esté diciendo: "perdóname, papi; préstame las llaves del auto, papi; dame dinero, papi; cómprame zapatos, papi; necesito nuevos pantalones, papi...". Al final de cuentas se va a preguntar: "¿Es que mi hijo no tiene otra forma de relacionarse conmigo que a través de pedirme cosas?"

A veces nos pasa a los padres: nos parece que los hijos lo único que hacen es pedirnos dinero, o pedirnos cosas. Ese no es el tipo de relación que nosotros queremos tener con ellos. Queremos tener una relación con nuestros hijos, que sea humana, en la que haya un intercambio, en la que nosotros conversemos con ellos y ellos con nosotros.

De esa misma manera Dios quiere tener una relación con nosotros: El quiere tener una relación personal con sus hijos e hijas. Él no es una computadora que está perdida en el universo. No es una fuerza o una mente en el universo. Él es persona", (cuidado: no estoy diciendo de que Dios sea un ser humano), tiene personalidad y quiere relacionarse con nosotros. Él quiere desarrollar una relación personal, de la misma manera que a un padre le gustaría desarrollar una relación personal con su hijo.

Muchas veces la gente de nuestras iglesias tiene una imagen de Dios como la imagen que tienen de su gobierno: como una entidad. El gobierno de su país existe, Dios existe. El gobierno de su país actúa, Dios actúa. El gobierno le ayuda, Dios le ayuda. Entonces, se relacionan con Dios como con un "ente ".

El asunto no es ir más a la iglesia, asistir a los cultos, dar más en la ofrenda o cantar en el coro. Todo eso tiene que ver con nuestro servicio a Dios, pero no con nuestra relación con Dios. Él quiere que nos relacionemos con él y que pongamos esa relación en primer lugar en nuestra vida.

2. Nuestro cónyuge. (Efesios 5:22,25) En segundo lugar, tendría que estar nuestro cónyuge. El o ella es muy importante en nuestra vida. Es la persona que Dios nos ha dado para acompañarnos a lo largo del trayecto de nuestra vida. Su cónyuge debe ser prioridad.

Muchas veces, los latinos especialmente, colocamos a nuestros niños como prioridad. Pero, tiene que saber algo muy importante: no podemos ser buenos padres si primero no somos buenos esposos. Es necesario tener primero una relación de pareja fuerte para poder darle a nuestros hijos el cariño, la compresión y la educación que ellos necesitan. No puede haber una familia fuerte si no hay una relación entre papá y mamá que sea fuerte.

Entonces, su cónyuge tiene que venir inmediatamente después de Dios. Usted tiene que pasar tiempo con él o con ella. Tiene que desarrollar una amistad, porque de aquí a algunos años, sus hijos se van a casar, si Dios quiere. Ellos van a formar otra familia y usted se va a quedar solo o sola con la pareja que Dios le dio por otros 20, 30 ó 40 años. El día de hoy hay gente que vive hasta los 100 años, ¿cuál va ser el tipo de relación que usted va a tener? Si no desarrolla una relación fuerte con su pareja ahora, más adelante va ser muy difícil.

Yo tenía ciertos problemas con algunas indicaciones que me daban en el avión. Solía leer aquella información que decía: "En caso de emergencia, colóquese usted primero la máscara de oxígeno y luego colóquesela a su niño (a)". Yo decía: "Eso está mal. ¿Cómo se le va ocurrir a esta gente decirme que me la tengo que poner yo primero? Primero hay que ponérsela al niño o la niña, después me la pongo yo".

No entendía bien el tema, hasta que alguien me lo explicó muy bien: "Andrés, tú tienes que ponerte la máscara primero, porque el niño o la niña no se puede ayudar a sí mismo. Tú tienes que estar fuerte y consciente primero. Si te desmayas en medio de una emergencia, ¿quién va a cuidar de ese niño? Tú y el niño se van a morir. Pero si tú estás fuerte, no importa que el niño sufra por un momento, porque tú puedes cuidar de él".

Lo mismo en la familia, mamá y papá tienen que tener una relación fuerte, antes de poder cuidar bien a los hijos, porque si no hay una relación fuerte de pareja, no están colocadas las bases filosóficas y espirituales para que ellos crezcan emocionalmente sanos tampoco. Eso es, lamentablemente, lo que muchas veces vemos en las familias que se divorcian y que se rompen: hacen falta dos espaldas para llevar adelante una familia.

3. Los hijos. (Efesios 6:4) En tercer lugar, para mí, tienen que estar mis hijos. Antes que mi trabajo, antes que cualquier otra cosa, deben venir inmediatamente con mi cónyuge.

4. El trabajo o el ministerio. (Col. 4:17 y I Timoteo 3:2-5) Casi para terminar, yo tengo por allí mi trabajo o el ministerio.

5. Todo lo demás. Finalmente, yo tengo mis metas en la vida, la parte educacional, etc. Luego del trabajo y el ministerio, puede poner al resto de la familia, o a quien quiera, pero para mí, los más importantes son ellos.

Ahora, mirando la forma en la que nosotros gastamos nuestro tiempo y mirando cómo andamos con nuestras prioridades, ¿se ha dado cuenta de algo interesante? Las prioridades importantes son justamente las opuestas a la forma en la que estamos gastando nuestro tiempo cada semana. La mayor cantidad de tiempo la pasamos durmiendo, trabajando, viajando, estudiando, fuera de la casa.

La menor cantidad de tiempo la pasamos con Dios, con nuestra esposa, con nuestros hijos. Eso es una cuestión del mundo y por eso para tener una liberación familiar, una liberación económica, debemos poner las prioridades en su lugar.

Por supuesto, no nos podemos pasar en la iglesia toda la semana. No podemos pasar con nuestra esposa 40 horas a la semana, en lugar de ir a trabajar. La sociedad no funciona de esa manera, pero tenemos que darnos cuenta que el mundo tiene las prioridades "patas para arriba".

Entonces, nosotros debemos trabajar y hacer el esfuerzo para mantener nuestras prioridades en orden: Dios, esposa (o), hijos, trabajo o ministerio y todo lo demás.

II. METAS FAMILIARES PARA LOGRAR LIBERARNOS.

A. Tener una Misma Mente

En primer lugar, tenemos que tener una misma mente con nuestra esposa. Si uno tira para la izquierda y el otro a la derecha no vamos a poder ir muy lejos. Santiago 1:6-8 dice:

"Pero pida con fe, no dudando nada; porque el que duda es semejante a la onda del mar, que es arrastrada por el viento y echada de una parte a otra. No piense, pues, quien tal haga, que recibirá alguna cosa del Señor. El hombre de doble ánimo es inconstante en todos sus caminos."

Debemos tener una misma mente con nuestra esposa o con nuestro esposo. Tenemos que ponernos de acuerdo. Ni el esposo ni la esposa le deben imponer al otro la forma en la que se van a manejar las finanzas. Debemos aprender a ayudarnos y a complementarnos en vez de competir. Dios nos habla de complementarnos y no de competir el uno con el otro. Él nos pone juntos, justamente, porque somos diferentes. Si los dos fuéramos iguales, ¡hay uno que sobra!

Por ejemplo, yo crecí en un país latinoamericano, con dificultades económicas, así que, cuando voy de compras lo que miro es el peso: ¿Cuánto me va costar esto? Mi esposa creció en una cultura diferente y ella lo que mira es la calidad. Ella dice: ¿Cuánto va a durar esto? Entonces, algunas cosas que a mí me parecen que son buenas por el precio, ella se da cuenta de que no son tan buenas y me dice: "Dentro de muy poco tiempo vas a tener que volver a comprar otras cosas del mismo precio y vas a gastar más dinero, al final de cuentas. Te conviene comprar algo mejor, que te dure por más tiempo".

Sería muy aburrido si uno se casara con la gente que es exactamente igual que uno, ¿no le parece? Gracias a Dios que nos dio una pareja que es diferente, que es distinta de nosotros.

Entonces, en el proceso de decidir cómo vamos a gastar el dinero, no es mi voluntad ni es la voluntad de mi esposa la que se debe cumplir, sino que es la complementación de nuestras dos voluntades. Trabajemos juntos porque "el hombre de doble ánimo es inconstante en todos sus caminos".

Si nos va mal económicamente es porque a veces empujamos para lados contrarios. Pero, si hacemos un plan a corto plazo y luego un plan a largo plazo con nuestro cónyuge, sabremos para dónde ir y no somos inconstantes, sino consistentes. Así, tendremos la posibilidad de lograr liberarnos económicamente. Es por eso que debemos aprender a complementarnos.

En 1ra Pedro 3:7 dice:

"Vosotros, maridos, igualmente, vivid con ellas [con las esposas] sabiamente, dando honor a la mujer como vaso más frágil, y como a coherederas [fíjese que esto se escribió hace 2000 años atrás] de la gracia de la vida, para que vuestras oraciones no tengan estorbo."

A veces, usted esposo, está sintiendo como que sus oraciones no pasan del techo de su casa. Es posible que así sea, porque dice la

Palabra de Dios que si nosotros no estamos tratando a nuestras esposas de la manera en la que ellas deben ser tratadas, nuestras oraciones tienen estorbo. Aprendamos a complementarnos. Seamos de una misma mente.

B. Tener un Mismo Propósito

En segundo lugar, debemos tener un mismo propósito, no solamente ponernos de acuerdo en cómo lo vamos a hacer, por qué lo vamos a hacer. Allí en Mateo 6:33 el Señor Jesucristo dice:

"Mas buscad primeramente el reino de Dios y su justicia, y todas estas cosas os serán añadidas."

Aprendamos a tener un mismo propósito en nuestra vida financiera: a buscar el reino de Dios y su justicia. Si yo, como esposo, tengo el propósito de enriquecerme, andar bien económicamente, terminar mi escuela, mis estudios; o como esposa mi meta es tener casa propia, auto, perro, dos niños; tengamos el propósito que tengamos, si no servimos y buscamos el reino de Dios, no vamos a poder tener libertad económica. Vamos a estar siempre peleando, teniendo problemas. Entonces, es importante tener unidad de mente y unidad de propósito.

C. Entender la Forma en la que Dios Trabaja

En tercer lugar, debemos entender la forma en la que Dios trabaja. Dice Proverbios 3:5 y 6:

"Fíate de Jehová de todo tu corazón, y no te apoyes en tu propia prudencia. Reconócelo en todos tus caminos, y él enderezará tus veredas".

Es importante aprender a entender cómo Dios trabaja. Cuando se compra un auto nuevo, o una televisión, o una radio, o un aparato, viene un manual de instrucciones. Por ejemplo, el manual de instrucciones de muchos automóviles dice: "Cámbiele el aceite cada 3,000 kms". Yo puedo decir: "¿Quién es la compañía Ford para decirme a mí que debo cambiar el aceite cada 3,000 kms? Soy un hombre libre, puedo hacer de mi vida lo que yo quiera. Vivimos en un país libre y yo quiero ser libre. Así que voy a cambiar el aceite de mi auto cada 15,000 kms". ¿Se puede imaginar lo que le va pasar? Usted va a perder su auto. No va tener auto por mucho tiempo.

El manual de instrucciones es para beneficio suyo, no para hacerle doler la cabeza, no para darle más problemas, sino para su beneficio, para que las cosas funcionen bien en su vida. Si sigue las instrucciones del manual, entonces va a ser un hombre feliz que va a tener un auto por muchos años. Si no lo sigue, hay consecuencias. Lo mismo ocurre con nosotros, Dios nos dio un manual de instrucciones. Él cuando nos construyó, nos dijo: "Aquí tienen el manual de instrucciones, síganlo. Y si lo obedecen, entonces las cosas les van a ir bien". No es que Dios quiere hacernos la vida imposible. No es que quiere hacernos sufrir, sino que Dios quiere que nos beneficiemos al obedecer su santa Palabra.

Entendamos cómo Dios trabaja, cuáles son los principios que tiene para el funcionamiento de nuestra economía, y las cosas nos van a ir bien. No por magia, sino por los principios que Dios tiene para su vida. Si usted los obedece le va bien. Si usted cambia el aceite a su auto cada 3,000 kms, las cosas le van a ir bien, porque esos son los principios apropiados para cuidar su auto. Usted tiene que obedecerlos. Aprendamos la forma en la que Dios trabaja. Debemos estudiar la Biblia, conseguir libros como éste, ver videos, conseguir otros materiales producidos por Conceptos Financieros para su ayuda y buscar en las librerías cristianas materiales sobre este tema. Entonces las cosas entonces van empezar a mejorar.

D. Desarrollar un Plan Financiero

Finalmente, debe aprender a desarrollar una plan financiero. Dice el libro de San Lucas 14:28 y 29:

> *"Porque ¿quién de vosotros queriendo edificar una torre, no se sienta primero y calcula los gastos, a ver si tiene lo que necesita para acabarla? No sea que después que haya puesto el cimiento, y no pueda acabarla, todos los que le vean comiencen a hacer burla de él. "*

¿Ha visto alguna gente así? ¿Ha paseado por su ciudad y ha visto un edificio a medio terminar? Uno se pregunta: "¿Qué le habrá pasado a este hombre? ¿Se habrá muerto en la construcción? ¿Le habrán hecho juicio? ¿Habrá cambiado la situación económica?". En la ciudad donde yo crecí, había varios edificios así. Especialmente en la época de hiperinflación, en las épocas económicas difíciles, la gente se quedaba a medio hacer un edificio.

El Señor Jesucristo dice: "Solamente un tonto no se sienta a ver cuánto le va a costar edificar su casa, o construir un edificio". Solamente un tonto vive la vida así: "Bueno, hoy tengo plata, vamos a gastar durante meses, y si tenemos, tenemos; y si no tenemos, pues gastamos hasta cuando tengamos y cuando se nos acabe, dejamos de gastar". Pero la Palabra de Dios dice que nosotros debemos aprender a planear para el futuro. Lea Proverbios 27:23 y 24.

Ejercicios de Lección 4

A continuación se presenta un caso de la vida real. Léalo con atención y esté listo para responder las preguntas.

José y Cristina decidieron mudarse con sus tres hijos a Estados Unidos para comenzar una nueva vida. Al llegar, José encuentra un buen trabajo que paga 8 dólares la hora (mil seiscientos dólares al mes). Con esa pequeña fortuna, Cristina cree que las cosas van a andar mucho mejor para su familia de lo que andaban en su país.

Sin embargo, pronto José se da cuenta que con 8 dólares la hora sólo trae 1.200 dólares cada fin de mes a su hogar (porque le descuentan los impuestos). Entonces descubre que debe tomar de su salario $ 650 para pagar el alquiler, $230 para pagar por el auto, $300 para la luz, el agua y el teléfono. De pronto, cae en cuenta que ¡su salario no le alcanza para comer!

Cristina, entonces, decide salir a trabajar. Cuando averigua cuánto le va a costar el cuidado de sus tres niños pequeños, descubre que le cobran $3 la hora por niño. La que se traduce (multiplicando $3 por 3 niños, por 100 horas de trabajo), en más de 900 dólares al mes, ¡sólo en el cuidado de los niños!

José y Cristina deciden, entonces, trabajar turnos alternativos. El de día y ella de noche. Con eso estabilizan la vida económica familiar y hasta se pueden comprar algunos "lujos" como una nueva TV, un estéreo, una videocasetera, un auto, salir de vacaciones y mantener un estándar de vida de clase media.

Sin embargo, luego de varios años de estar en E.E.U.U. ciertos problemas comienzan a hacerse obvios: hay frialdad en la relación matrimonial, el niño mayor no anda bien en la escuela, los dos menores se enferman con regularidad, las deudas han aumentado y ahora deben 80 mil dólares de su nueva casa, 8 mil de un auto, 12 mil dólares del otro, tienen varias tarjetas de crédito que están llegando a su límite por un total de 17 mil dólares, tienen varias deudas con amigos, alguno que otro mal negocio en el que se involucraron en la búsqueda de dinero fácil y las peleas en el hogar son incesantes. Ya no hay dinero que alcance. Han estado, incluso, hablando de divorcio.

José y Cristina vienen a usted y le piden un consejo. Con la Biblia en la mano.

¿Qué cree usted que ha estado pasando todos estos años en este hogar? ¿Qué les dice usted?

La esclavitud financiera

Explorando el Concepto Bíblico de la Riqueza

por Andrés G. Panasiuk

Alberto entró y pegó un portazo, le gritó al perro, pateó al gato y casi mata al canario... los niños se escondieron debajo de la cama y su esposa, con timidez, le puso un plato de sopa sobre la mesa.

-Parece que papá tuvo un mal día susurró uno de los hermanitos que se había colocado fuera de la línea de fuego. En realidad, parecía que últimamente todos los días eran malos para papá. Alberto estaba experimentando en carne propia la presión de vivir en la esclavitud financiera.

No era que Alberto Rodríguez fuera pobre ni que ganara poco en su trabajo. Lo que pasaba era que no había sueldo que alcanzara.

Uno es "esclavo " en el sentido espiritual cuando hay algo que toma el lugar de Dios en su vida. La esclavitud financiera, entonces, existe cuando el dinero y las finanzas ocupan en nuestra existencia diaria el lugar de prioridad que le corresponde al Creador. Tomemos el ejemplo de Alberto y veamos cuáles son los síntomas más comunes de la esclavitud espiritual:

1. Preocupación excesiva por las finanzas

La persona en esclavitud financiera está en un nivel de presión económica tal, que no se puede sacar las finanzas de la cabeza. Está en el hogar y está preocupado por las finanzas, está en el trabajo y está pensando en las finanzas, está manejando su automóvil y calculando su estado económico en el banco, come y está planeando cómo hacer sus pagos... Es un manojo de nervios.

2. Enojo, ira y mal humor

Como el tema financiero lo acosa todo el tiempo, se pone de mal humor, grita, está nervioso, se enoja por tonterías y más vale "perderlo que encontrarlo".

3. Avaricia

Como está tan preocupado y malhumorado, quizá hasta tiene actitudes incongruentes con su carácter. A ver si le mandamos unos dólares a mi mamá en Guatemala le pide la esposa. La situación está tan mal que está comiendo sólo una vez por día. Nuestro sujeto contesta: ¡Pues que aprenda a comer una vez cada dos días!

4. Resentimiento

El resentimiento puede producirse a causa de un mal negocio. Puede también estar dirigido a la sociedad o a la iglesia por ser culpables o por no reaccionar ante la situación en la que se encuentra el individuo. El resentimiento lleva casi seguramente a la amargura y a la miseria espiritual.

5. Indulgencia

Créase o no, el individuo que está bajo mayores presiones económicas es el primero en caer en la indulgencia. Sabe que no puede pagarse un lujo, pero de todas maneras se lo da porque "se lo merece".

Necesito unas vacaciones dice el indulgente, y se compra un viaje a Hawai. De pronto, podría haberse ido al campo de su tía que le queda a dos horas de viaje de la casa y hubiera descansado igual. Pero el indulgente se va a Hawai, toma un crucero por el Caribe, se compra una nueva computadora o trae un auto "cero kilómetros" a la casa. Después de darle la noticia a su esposa, por supuesto también debe pagar por la internación del shock de la mujer en una unidad coronaria, pero es parte del "gusto que se merecía por haber sufrido tanto".

6. Inadecuado mantenimiento de datos

La persona que está en esclavitud financiera no sabe a dónde se le fue el dinero. Llega fin de mes y no tiene idea de cómo se gastó el sueldo. El área de los "gastos generales" es como un gran agujero negro en su universo financiero: el dinero que cae por allí ¡sólo Dios sabe a dónde va a parar! Le caen las "facturas sorpresa" y lo desequilibran. Sabe que su sueldo le debe alcanzar, pero no sabe por qué se "queda corto" cada mes.

Si usted se identifica con algunos de estos síntomas, hay dos o tres cosas que puede hacer:

Primero: Transfiera la propiedad de sus posesiones a Dios.

No es cuestión de orar y decirle a Dios que toda su vida es de Él. Usted debe empezar a actuar como administrador de los bienes que Dios le dio y no como el dueño de sus propiedades. "El que confía en sus riquezas caerá" (Proverbios 11:28). Usted probablemente tenga que tomar algunas decisiones difíciles en un futuro cercano, y si usted es "dueño" de sus posesiones, de su casa o de su negocio, no podrá tomar esas decisiones con libertad.

Segundo: Acepte la dirección de Dios en su vida.

La Palabra de Dios dice: "Fíate de Jehová de todo tu corazón, y no te apoyes en tu propia prudencia. Reconócelo en todos tus caminos, y Él enderezará tus veredas" (Proverbios 3:5-6). Comience a buscar en la Palabra de Dios (y no sólo en sus asesores financieros), cuál es el camino que Dios quiere que usted tome. Permita que el Espíritu Santo le hable, no a través de "sentimientos", sino a través de la Palabra. Recuerde que nuestro corazón es engañoso. No se deje llevar por "corazonadas". Asegúrese de que sus decisiones están cimentadas en la eterna Palabra de Dios.

Tercero: Establezca prioridades familiares correctas.

A pesar de la falta de espacio para desarrollar este tema, conviene, por lo menos, dejar un bosquejo con los puntos principales. Recuerde que el Salmo 127 advierte que a menos que Dios edifique nuestras vidas, estamos trabajando en vano. El segundo versículo dice: "Por demás es que os levantéis de madrugada, y vayáis tarde a reposar, y comáis pan de dolores; pues que a su amado dará Dios el sueño". Coloque a Dios en primer lugar en su vida. no a la iglesia ni a las actividades. Su relación con Dios debe ser su prioridad número uno.

Luego de su relación con Dios está la relación con su cónyuge (Efesios 5:22,25). Recuerde que usted se casó con su cónyuge y no con sus hijos (¡ni con el jefe de su trabajo!). Muchos problemas surgen cuando ignoramos la enseñanza bíblica de que debemos dejar a nuestra madre y a nuestro padre para unirnos a nuestra esposa o esposo como si fuéramos una sola carne.

En tercer lugar está la responsabilidad hacia sus niños (Efesios 6:4 y Deuteronomio 6:6-9).

Finalmente, su responsabilidad hacia el trabajo (1 Timoteo 5:8) y/o el ministerio (Colosenses 4:17 y 1 Timoteo 3:2-5). Recuerde que si es ministro, pastor o líder, usted puede tener familia aunque su ministerio no ande bien; ¡pero no puede tener ministerio si su familia no anda bien! El ministrar efectivamente a nuestras familias es un requisito previo para poder ministrar en la obra del Señor. Las iglesias deberían exigir que sus pastores tomen días libres semanalmente y se vayan de vacaciones por lo menos una o dos veces al año.

Si usted es un trabajador, note que su esposa es número dos, sus niños (o niñas) número tres y el trabajo está en cuarto lugar. Si su esposa o sus niños están sufriendo a causa de su trabajo, ¿quién debe ceder? ¿a quién va a sacrificar?

No es fácil vivir de acuerdo a prioridades bíblicas. Puede que signifique tener que cambiar de actividad laboral, trabajar menos, recibir menos ingresos, poseer una casa más pequeña o manejar un auto más viejo. Pero si usted comienza a vivir con prioridades familiares correctas, si acepta la dirección de Dios para su vida y se convierte en un buen administrador de los bienes, el tiempo y las relaciones que Él le ha encomendado, formará parte de una exclusiva minoría de hispanohablantes que puede decir, con alegría en sus ojos, que son libres, no de las preocupaciones económicas diarias, sino ¡de la esclavitud de las finanzas!

Ah… y una cosa más: la próxima vez, por favor, cierre la puerta despacito que la acabamos de aceitar…

Lección 5

Planes financieros a corto plazo

En la lección anterior quedamos en que es nuestro deber aprender a desarrollar un plan financiero. Éste es un plan que nos ayuda a definir nuestros gastos y a tener un mejor uso del dinero.

Los versículos de Lucas 14:28 y 29 hablan de la salvación y de que debemos aprender cuánto nos va a costar seguir al Señor Jesucristo. Pero también lo podemos aplicar en otro sentido: al asunto económico. Podemos decir: "Debemos planear cuánto nos va a costar vivir cada mes, cada semana, cada año en nuestra vida; a tener metas a corto plazo y a largo plazo".

Justamente, éste es el tema a tratar en las próximas lecciones: cómo planear metas a corto plazo y a largo plazo, e incluso, cómo hacer algunos planes en el caso de que el Señor nos llame a su presencia.

Vamos a ver algunos planes financieros a corto plazo. Es decir, proyectar lo que va a pasar en los próximos doce meses de nuestra vida. Eso es planear a corto plazo: hacer un plan económico (que, en muchos casos es simplemente un presupuesto) desde este mes hasta el mismo mes del año que viene. Alguna gente dice: "planear de esa manera es un poco difícil, va a atar nuestra familia". Todo lo contrario: les va a liberar. Si usted vive en una economía con inflación y no sabe cuánto subirá el mes que viene, yo le recomiendo que usted haga planes a seis, tres o incluso mes tras mes; pero debe planear la forma en la que va a gastar su dinero. Un presupuesto no le va a atar, sino le va a liberar.

Un presupuesto, entonces, es una forma de ponernos de acuerdo, en blanco y negro, sobre cómo vamos a gastar o invertir los recursos que tenemos disponibles. Mi esposa y yo teníamos bastantes problemas antes de tener un presupuesto porque yo siempre le decía: "Estás gastando demasiado dinero en la comida". Ella me decía: "Pues, tú estás gastando demasiado dinero en estas otras áreas". Siempre terminábamos discutiendo por asuntos de dinero. Hasta que un día nos sentamos a la mesa, y dijimos: "¿Cuánto vamos a gastar este mes? ¿para qué? Vamos a gastar este dinero para los alimentos, esta cantidad para la ropa, etc.". Así dividimos mi salario del mes en las diferentes áreas y ya no discutimos.

Nos pusimos de acuerdo en cuánto íbamos a gastar en cada categoría. Y si ella gastaba de más en un área, entonces yo tenía el derecho de decirle: "¿Te acuerdas que nos pusimos de acuerdo en que íbamos a gastar esta cantidad y no esta otra?", o si yo me pasaba, ella podía venir con el papel y decirme: "Andrés, nos pusimos de acuerdo en que íbamos a gastar esta cantidad y no esta otra".

Entonces, un presupuesto familiar o un plan de gastos le va a permitir liberarse y que esas discusiones que usted tiene con su cónyuge con respecto al dinero, se minimicen, porque ahora, ustedes dos van a estar de acuerdo en cuánto van a gastar. No estamos restringiendo el gasto, sino que estamos dándonos permiso para gastar. Le voy a dar algunos principios importantes para desarrollar un buen plan a corto plazo.

A. Desarrollar en Pareja el Plan de Dios para la Vida Económica Familiar

En primer lugar, debemos desarrollar, en la pareja, el plan de Dios para la vida económica familiar. Lo que funciona en mi vida, no tiene que funcionar en la suya. No le estoy diciendo la forma en la que debe manejar su dinero, lo que le estoy dando son algunos principios generales que debe aplicar a su vida personal. Cada familia es un mundo y maneja su situación económica de una manera diferente. Usted a su manera y yo a la mía. Proverbios 16:3 dice:

"Encomienda a Jehová tus obras, y tus pensamientos serán afirmados."

Cada uno de nosotros debe desarrollar un presupuesto familiar específicamente hecho para su familia. Le quiero animar a que haga un plan, a doce meses, que funcione para su familia.

Hay una historia de un señor que no conocía al Señor Jesús como su salvador personal. Él estaba viajando con algunos amigos por el campo. Se sentó al borde de un pozo de agua, y cuando se sentó, se cayó. Mientras iba cayendo gritó: "¡Señor, si tú me salvas yo te voy a servir por toda mi vida!". Cuando llegó al fondo se puso de pie y se dio cuenta de que no se había roto nada, estaba bien. Entonces dijo: "Gracias, Señor, ahora te voy a servir por toda la vida". Y de ahí en adelante, dedicó el resto de sus días y su energía a empujar gente dentro de los pozos de agua. ¿Se imagina usted lo que pasaría en una cuestión así?

Lo que lo salvó a él, no es lo que salva a otra gente. ¡Vaya uno a saber si no se habrán roto las cabezas algunas otras personas que cayeron en el pozo de agua! Entonces, por favor, elija cuál es el plan que va a funcionar en su familia, con su esposa.

B. Establecer un Balance entre la "Irresponsabilidad" y el "Legalismo"

Todos somos un poco irresponsables y todos somos un poco legalistas, pero la Palabra de Dios en Proverbios 13:4 dice:

"El alma del perezoso desea, y nada alcanza; mas el alma de los diligentes será prosperada."

El alma del perezoso es el alma del hombre que dice: "Si pudiera tener esto o aquello", pero no hace el esfuerzo para conseguirlo. Entonces, no estamos hablando de que debemos ser totalmente irresponsables, pero tampoco debemos ser extremadamente legalistas. El presupuesto tiene que ser flexible, vivo, que tenga posibilidad de cambio, sino la rigidez se transformará en un problema. Si se mueve demasiado, entonces no nos sirve porque no estamos siguiendo un plan. Por otro lado, si somos legalistas y queremos que las finanzas se manejen "al centavo", vamos a tener problemas porque no vamos a tener paz. El presupuesto tiene que traer paz a nuestras vidas, no una mayor cantidad de ansiedad.

Había un doctor, amigo de Larry Burkett que ganaba bien económicamente, pero tenía cierta debilidad por los autos y los autobuses. Le encantaba comprar y vender. A veces también compraba veleros y los revendía, pero tenía algunos problemas con el manejo del dinero. Hasta habían llegado a amenazarlo con ponerlo en la cárcel por toda la cantidad de dinero que debía y los problemas en los que se metía. Había hecho un par de malos negocios y los acreedores lo tenían loco.

Un día fue donde el hermano Burkett y conversando con él, empezaron a trabajar en un presupuesto. Lo hizo bien por dos meses, pero al tercer mes, vio un velero precioso. No pudo pasar esa gran oportunidad y lo compró, en vez de pagar sus deudas. Invirtió el dinero que correspondía para la pensión de sus trabajadores en comprar el velero, porque pensó que lo iba a vender rápido. Pero no pudo, así que se metió en problemas nuevamente.

Burkett le dijo: "Estaba pensando en esta situación, y aunque te parezca un poco tonto, dime: ¿Cuál es la menor deuda que tienes?". -"Tengo una de 168 dólares". -"Bien, entonces lo que debes hacer, como tarea para comenzar a arreglar estos problemas que tienes, es ir por el barrio cortando el césped y cobrar para poder pagar esa deuda de 168 dólares". El hombre se enojó y le dijo: "Yo soy un médico, ¡hago 168 dólares en una hora de trabajo! ¿Cómo voy a andar cortando el césped para mis vecinos?". Le dijo Burkett: "Comienza a hacerlo y después me cuentas".

Se fue a su casa decidido a no hacerlo, pero la esposa que estaba con él en la sesión de consejería, le dijo: "Estás en una situación muy seria. Si Burkett te dice que esto te puede ayudar ¿por qué no lo haces?". Así es que empezó a cortar el pasto de sus vecinos. Pero tenía un problema, los niños de edad escolar que ya estaban cortando el pasto para hacerse algo de dinero, tenían un precio bastante bajo. Él tenía que trabajar por 2 dólares cada casa, para que le dieran el trabajo. Al fin de cuentas, y después de trabajar varios meses, pudo pagar los 168 dólares.

Finalmente se encontró con Burkett y dijo: "¿Sabes qué? Acabo de ver una casa rodante por 65.000 dólares que es un regalo. Está como para comprarla ya mismo, cualquiera podría hacer un dineral revendiéndola, pero no la compré ". Burkett le preguntó: "¿Por qué?" -"Porque de sólo pensar que tengo que cortar el pasto para hacer esos 65.000 dólares, ¡se me quitaron las ganas de comprar!".

Entonces: debemos aprender a tener un balance entre nuestra irresponsabilidad y legalismo; y debemos aprender a manejar los bienes de Dios de la forma en que El quiere. Debemos aprender a obedecerle a El por sobre todas las cosas.

C. Eliminar las Deudas de Consumo

Como tercer paso hay que eliminar las deudas de consumo. Hay un versículo muy importante de las Sagradas Escrituras que usted debe memorizar. Proverbios 22:7 dice:

> *"El rico se enseñorea de los pobres, y el que toma prestado es siervo del que presta."*

Algo que debemos aclarar en este punto es que no está mal pedir prestado. La Palabra de Dios no prohíbe, en ningún lado, que pidamos prestado. Nunca hemos dicho que sea un pecado. Lo que pasa es que no es la mejor parte del plan de Dios para nuestras vidas. Cada vez que la Palabra de Dios habla sobre pedir prestado, siempre lo hace en un contexto negativo.

El auto que compró a plazos no es suyo. La casa que compró a pagar en 10, 20 ó 30 años, tampoco es suya. Le hacen creer que es suya, pero no lo es. Simplemente deje de pagar tres o cuatro cuotas de su casa, o de su auto y va a ver quién es el dueño de ese auto o de esa casa. Usted no lo es hasta que no pague el 100% de su deuda. No es el dueño de las cosas que está pagando a plazos. Eso es lo que dice la Palabra de Dios, el deudor es el siervo del acreedor. Está en una posición más baja.

Cada vez que la Palabra de Dios habla de las bendiciones (como en Deuteronomio 28), Dios le decía al pueblo de Israel: "Ustedes van a ser los que les presten dinero a las otras naciones". Por otro lado dice: "Pero si no me obedecen, entonces ustedes serán los que pidan prestado a las otras personas". Siempre el asunto de prestar dinero en las Escrituras no está mal. Lea Deuteronomio 15 y se dará cuenta de que Dios le da permiso al pueblo de Israel para que se presten los unos a los otros. Pero hay dos o tres cosas que son muy importantes. Hay algunos pre-requisitos que debe saber.

1. Debe pagar lo que pide prestado. Es decir, lo que pide prestado lo tiene que devolver. Aquí hay un concepto importante sobre la quiebra: éstas no existen para el creyente. Si ha tenido que declararse en bancarrota y cerrar su negocio, debe hacer los arreglos necesarios para que, con el tiempo, pueda devolver el dinero que pidió prestado, y que le corresponde a sus acreedores. Ya sé que las reglas de su país lo protegen y en muchos casos usted no está bajo obligación legal de pagar a sus acreedores. Pero estamos hablando de las leyes de Dios que son superiores y debe obedecerlas aunque se opongan a las de su país. La ley de Dios dice que no debemos deber nada a nadie (Romanos 13:7 y 8). Si le pidió prestado algo a alguien, usted debe devolvérselo. Su "sí" debe ser "sí" y su "no", "no". No importa el esfuerzo o el tiempo que le tome.

2. Debe pedir prestado bajo responsabilidad limitada. En segundo lugar, no debería pedir prestado, sino sólo bajo responsabilidad limitada. Esto significa que si pidió prestada cierta cantidad de dinero, debe hacer un arreglo con la persona o el banco y decirle: "En caso de que yo no pueda pagarte, te puedes quedar con todo el dinero que te pagué, también con la propiedad que he comprado (o con el bien inmueble, o bien mueble), pero yo quedo libre de mi contrato contigo".

Esto no es muy popular ni es muy fácil, pero quizás puede hablar con esta persona, porque la Palabra de Dios nos habla sobre la responsabilidad del creyente en el momento en que pide prestado. Proverbios 6:1-5 y 11:15 son pasajes muy claros con respecto al tema de la "fianza". Caemos en "fianza" no-bíblica cuando hacemos un compromiso económico sin tener la total certeza de poder pagar y cumplir con ese compromiso.

Las tarjetas de crédito no son malas. La Palabra de Dios no tiene nada que decir en contra de ellas. El problema está en cómo las usamos. He encontrado una cantidad tremenda de gente que está embaucada hasta la coronilla con las tarjetas de crédito. Hay gente que no debería tenerlas y punto. No es que esté mal, o que esté en contra de la Palabra de Dios, es que simplemente no las saben manejar. Así, como yo no dejo que mi niña de 2 años de edad maneje un cuchillo filoso, tampoco se le deja manejar a una persona irresponsable (que no puede manejar crédito) una tarjeta de crédito.

Simplemente usted no debería meterse en el problema de vivir endeudado, pagando los intereses que hoy en día existen en el mercado. Debería poder comprar y pagar cada mes, de acuerdo a su presupuesto familiar. Si su presupuesto familiar no le alcanza para comprar una nueva televisión, porque no tiene el dinero en efectivo para comprarla, simplemente abra una cuenta de ahorro, coloque el dinero allí y cuando complete la cantidad, cómprela. Usted tiene que tener un plan para pagar su crédito, y estar seguro de que puede pagar todo lo que pidió prestado. No está mal pedir prestado, lo que está mal es pedir prestado irresponsablemente.

"¿Qué hago si tengo problemas con mi tarjeta de crédito?" Le voy a dar una receta perfecta para arreglar su problema con las tarjetas de crédito.

- Nunca compre algo con su tarjeta de crédito que no esté dentro de su presupuesto ¡Simple! Si está dentro de su presupuesto, puede ir y comprarlo con su tarjeta de crédito (tal vez usted no quiere manejar dinero en efectivo).

- Comprométase delante de Dios a pagar, cada mes, el 100% del valor de la tarjeta de crédito. Si usted puso 100 pesos o dólares, pues paga 100, si 200, pues 200.

Si el primer mes no puede pagar el balance de su tarjeta de crédito, haga lo siguiente: Caliente el horno de su cocina a fuego mediano, aproximadamente 350°F o 170°C. Prepare una bandeja, úntela con aceite y manteca. Coloque las tarjetitas sobre la bandeja y póngalas en el horno por 10 minutos. Luego llame a su compañía de crédito y dígale que no quiere que le reemplace las tarjetas. En pocas palabras, ¡Olvídese de las tarjetas!

D. Aprender a Dar a Dios de las Primicias

Dice la Palabra de Dios en Proverbios 3:9:

"Honra a Jehová con tus bienes; y con las primicias de tus frutos."

Honrar significa dar testimonio delante de las otras personas de que Dios es nuestra autoridad. Aprendamos eso. El dar no es una forma de acercarnos a Dios. Nadie se ha acercado más a Dios por dar. El dar es simplemente un reconocimiento de que Dios es la autoridad en mi vida. Nos acercamos a Dios al amarle; al entregarle nuestras vidas; al serle obedientes; al desarrollar una relación personal con El; pero nunca nadie se ha acercado a Dios dando más dinero.

El dar es una expresión externa de una condición espiritual interna. Cuando internamente yo estoy agradecido con el Señor, cuando estoy entregado en las manos de Dios, entonces le puedo dar a él externamente.

E. Entregar el Control de Nuestras Finanzas a Dios

Finalmente, debemos entregar el 100% del control de nuestras finanzas a Dios. Debemos obedecerle. Debemos buscar en Su Palabra los principios para manejar nuestra vida económica y debemos seguirlos, a pesar de que no sean convenientes. Lucas 9:23 dice:

"Si alguno quiere venir en pos de mí, niéguese a sí mismo, tome su cruz cada día, y sígame."

Debemos desarrollar una sensibilidad especial para reconocer qué es lo que Dios quiere que hagamos con los bienes, pocos o muchos, que El ha colocado en nuestra vida. Debemos aprender a darle el control de nuestras finanzas. Debemos decir: "Señor, en lo poco o en lo mucho que tú me das te voy a servir y obedecer. Quiero ser sensible a Tu guianza. Quiero que Tú me enseñes".

Por ejemplo: la Palabra nos enseña que debemos pagar nuestros impuestos y nuestros tributos al gobierno de nuestro país (Romanos 13:1-7). Sin embargo, hay muchos cristianos que saben que si pagan sus impuestos (que ellos consideran, en muchos casos, injustos), no podrán sobrevivir como familia o como empresa.

Es cierto: en muchos países los impuestos son exageradamente altos y ridículamente injustos. Sin embargo, no creo que sean más altos y más injustos que los tributos e impuestos que se pagaban en el Imperio Romano. Sólo hay que ver la cantidad de veces que el asunto sobre pagar impuestos surge en el Nuevo Testamento para darse cuenta de la seriedad de la situación.

Sin embargo, la enseñanza bíblica es clara: debemos pagar los tributos e impuestos al gobierno y, obedeciendo a Dios, debemos confiar en El para nuestra provisión y nuestro futuro.

Nuestra tarea principal en la vida no es la de ser exitosos económicamente, o la de tener una empresa financieramente importante. Nuestra tarea principal en la vida es la de serle fiel al Señor. Todo lo demás es relativo y secundario (Vuelva a ver 1 Corintios 4:2; Lucas 16:1-13;14:33; Mateo 6:21; Mateo 6:33;1 Timoteo 6:8-19 y Salmos 1:1-3). Repasemos, entonces, los principios para desarrollar planes a corto plazo:

- Desarrollemos, en pareja, el plan de Dios para nuestra vida económica familiar. Es para la nuestra, no la del vecino, no como la de los demás.

- Establezcamos un balance entre irresponsabilidad y legalismo. Ni muy irresponsable ni muy legalista.

- Eliminemos las deudas de consumo. Paguemos las deudas a corto plazo y aprendamos a vivir dentro de nuestras posibilidades.

- Aprendamos a dar a Dios de las primicias. Reconozcámosle a Él en primer lugar en todos nuestros caminos.

- Finalmente, entreguemos el 100% del control de nuestras finanzas a Dios. Obedezcámosle a pesar de las consecuencias.

Veamos ahora cómo poner en forma práctica un plan a corto plazo. Recuerde que el plan a corto plazo se refiere a uno que vamos a tener de aquí a doce meses, desde este momento hasta el año que viene, en este mismo mes. Vamos a ser bastante prácticos. Quisiera darle algo de información.

Vamos a suponer que una familia gana 1,600 pesos o dólares al año (por supuesto, éste no es el caso suyo, o el de su país, pero lo vamos a poner de ejemplo). Inmediatamente vamos a sustraer de esa cantidad bruta de dinero el 10% para el Señor. Recuerde que nuestras prioridades deben estar en orden y que debemos dar a Dios de las primicias de nuestras entradas de dinero. El 10%, no es un número mágico. Hay gente que da el 12 ó15%. Aun conozco gente que da el 40%. Otros dan menos del 10%.

Según lo que Dios estaba esperando de la gente del Antiguo Testamento, yo creo que el 10% es lo mínimo que nosotros le deberíamos dar al Señor. Esto no quiere decir que sólo el diezmo es del Señor, sino el 100% de nuestras finanzas, de nuestro salario es de Él. A no equivocarse: es cierto que el diezmo lo deberíamos traer a la casa del Señor, pero todo le pertenece a El.

Siempre y cuando estemos de acuerdo en eso, podemos decir esa expresión de que el diezmo es del Señor, pero tenemos que estar claros. Yo prefiero no utilizarla. Es mejor decir: "Le voy a traer al Señor una parte de mis bienes como reconocimiento de su cuidado para mí y porque quiero mantener Su obra aquí en la tierra. Quiero expandir el Reino de los Cielos".

Entonces, debemos tomar de esos 1,600 dólares el 10% que son 160. Luego, también, debemos tomar en cuenta los impuestos y las retenciones gubernamentales. ¿Se acuerda lo que dijo el Señor Jesucristo? "Dad a César lo que es del César y a Dios lo que es de Dios". Eso quiere decir que nosotros debemos pagar nuestros impuestos como corresponde. Así que, tome en cuenta su salario anual. Trate de ver su salario en doce meses, o en seis meses (si en su país usted no puede planear para doce meses). Luego de tomar el 10% para el Señor, tome el 15% (en este caso lo pusimos así) para el gobierno. Serían 240 dólares.

En cada país va a tener diferentes porcentajes. Incluso dentro de Estados Unidos los porcentajes son diferentes de acuerdo a cuánto gana. Usted debe tener en cuenta su propia situación. Deduzca lo que le va a dar a César y quédese con la cantidad de dinero anual que usted tiene.

En este caso, a nuestro amigo, le quedan 1,200 dólares. Esos 1,200 se dividen entre 12 y ahora tiene sus entradas netas mensuales. Entonces, por mes tiene una entrada de 100 dólares.

Salario Anual	$ 1600
Diezmo 10%	- $ 160
Gobierno 15%	- $ 240
Total	**$ 1200**

Este total anual se divide entre 12 meses para encontrar el salario mensual.

Salario Anual	$ 1200 ÷ 12
Salario Mensual	$ 100

Para resumir: ha tomado sus entradas brutas (en muchos países se llaman generales, o totales de todo el año), le ha deducido la parte que va para Dios, y la parte que va para César. Ahora se ha quedado con sus entradas netas que son para gastar. Este es el 100% de lo que va a gastar. No debería gastar dinero que le corresponde al gobierno, ni dinero que usted le ha prometido al Señor. Usted debe gastar lo que le queda.

Otra forma de ayudar a la gente a encontrar cuánto le queda para gastar es ver cuánto traen a casa cada mes (porque para cuando traen el salario a casa, ya "César se quedó con lo que es de César"). A eso, se le resta el diezmo y las ofrendas comprometidas con el Señor y lo que queda es la cantidad de dinero mensual que tiene el individuo o la familia para gastar. Es lo que llamamos el "Ingreso Neto Disponible".

Aquí hay una tabla que le puede ayudar a entender el concepto:

Dinero que trae a casa *($133 menos los $20 que es el 15% de impuestos que ya se llevó el gobierno)*	$ 113
Diezmo 10% *(ojo: sobre los $133 que realmente gana y no sobre lo que trae a la casa)*	- $ 13
Total	$ 100

Cuando la gente me pregunta: "Licenciado Panasiuk, de dónde deberíamos calcular nuestros diezmos, ¿del 'bruto' o del 'neto'?" A mí me gusta responder: "No des del'neto', ¡'bruto'!"

En realidad, y desde el punto de vista neotestamentario, nuestra gente tiene que aprender a dar, punto. Más allá de dar una cantidad específica de dinero, un porcentaje determinado. Creo que nuestra tarea como pastores es la tarea de enseñarle a nuestra gente, por sobre todas las cosas, a dar. Con alegría, con liberalidad. Como resultado de un carácter maduro en Cristo. Recordemos que el dar es un indicador externo de una condición espiritual interna.

Podemos forzar a nuestra gente a dar el 10% de sus entradas de dinero, pero no podemos forzarlos a ser dadivosos. El ser dadivosos es el fruto de un carácter moldeado a la imagen de Jesucristo. Vea nuevamente Marcos 12:41-44 y 1 Timoteo 6:17-19.

Ejercicios de Lección 5

Roberto y María del Carmen están profundamente enamorados. Tan enamorados están, que han decidido llegar al borde del precipicio y dar un salto al vacío. En otras palabras, ellos se van a casar.

Usted está a cargo de la instrucción pre-matrimonial. La tercera sesión se trata de las finanzas del futuro hogar.

1. Haga un bosquejo de lo que ellos deberían saber con respecto a cómo comenzar a manejar su dinero en su primer año de casados.

2. Haga una lista de los principios bíblicos que usted ha aprendido hasta ahora y deles consejos prácticos que ellos pueden empezar a aplicar aún antes del día de su casamiento.

3. Haga una lista de libros y materiales que usted les aconsejaría que compraran para el "rinconcito financiero" de la biblioteca bíblica familiar.

De tarjetas de Crédito y otros Demonios...

Explorando el Concepto Bíblico de la Riqueza
por Andrés G. Panasiuk

"¡Las tarjetas de crédito las imprime el mismo Satanás!..."

... gritó el predicador descargando en su sermón años de frustración en el área de la consejería familiar. No lo culpo. La presión emocional que produce en las familias hispanohablantes, el tema de las deudas y las finanzas está teniendo un impacto devastador en el núcleo familiar.

En Estados Unidos las deudas en tarjetas de crédito se han cuadruplicado desde 1986 y representan la causa principal del 90% de las bancarrotas en el país. El año pasado más de un millón de personas se declararon en bancarrota, la tasa más alta en la historia de la nación. En enero de 1997 el 25% de los poseedores de tarjetas de crédito ¡todavía estaban pagando las deudas contraídas en la Navidad de 1995!

Lamentablemente, los que sufren las primeras consecuencias de estas tendencias hacia el endeudamiento no son los políticos ni los empresarios, son los consejeros familiares y los pastores. El 90% de las parejas que se divorcian apuntan al aspecto financiero como uno de los más importantes en el desarrollo del conflicto. A pesar de la frustración personal con la problemática de las deudas, debemos admitir que la Biblia no dice que el pedir prestado sea pecado. Al contrario. El capítulo 15 de Deuteronomio nos muestra cómo, en una economía creada por Dios mismo, el pedir prestado se permitía, pero al mismo tiempo, se regulaba. La Biblia nos proporciona algunos principios importantes con respecto al pedir prestado:

1. El pedir prestado siempre se asocia con una idea negativa y no recomendable.

En Deuteronomio 28, por ejemplo, Dios le dice al pueblo de Israel que si obedece, las cosas le irán bien, entre ellas: "...prestarás a muchas naciones, y tú no pedirás prestado" (v.12). Pero si el pueblo desobedecía, las cosas irían mal y el extranjero "... te prestará a ti y tú no le prestarás a él" (v.44).

Proverbios 22:7 indica que "el rico se enseñorea de los pobres y el que toma prestado es siervo del que presta." Y si usted no lo cree, deje de pagar su hipoteca ¡y después me cuenta quién es el verdadero dueño de su casa! Dios no quiere que seamos siervos de nadie más que de Él. Cuando las deudas se empiezan a acumular, empiezan a presionar no sólo la vida emocional sino también la espiritual.

2. El pedir prestado debe ser un compromiso a corto plazo.

Cuando Dios era ministro de economía, las deudas no duraban más de siete años. Al final de ese período se debían perdonar. Seguramente usted se podrá imaginar las precauciones que tomaba el prestamista para asegurarse de que el deudor estaba en condiciones de pagarle. No es así con los bancos de hoy, que junto con las compañías de crédito prestan dinero a gente que jamás debería recibir un préstamo, y en el Japón ahora las hipotecas se hacen hasta por ¡dos generaciones! El cristiano, entonces, debería pagar sus deudas lo antes posible.

3. Lo que se pide prestado se debe devolver.

El apóstol Pablo declara: "Pagad a todos lo que debéis..." (Romanos 13:7). Ese es un principio eterno y transcultural de la Palabra de Dios. Era verdad en Roma hace dos mil años y es verdad en nuestro país en el día de hoy. Si usted se comprometió con alguien a pagarle algún dinero, ésa fue su palabra. Su palabra representa su honor y el honor de Dios porque usted es hijo o hija de Dios.

Por esa razón el concepto de bancarrota no existe para el creyente. En un caso extremo (y como último recurso), es justo que el cristiano use un recurso legal como ése para protegerse del asedio de sus acreedores. Pero es inmoral la transferencia de bienes para evitar pagar deudas. Cada una de las deudas adquiridas, eventualmente se deben pagar... ¡aunque nos lleve el resto de la vida hacerlo! No importa lo que diga la ley del país. La Palabra de Dios, que es superior, nos dice que nuestro "sí" debe ser "sí" y nuestro "no", debe ser "no"; y que es mejor no hacer una promesa, que hacerla y no cumplirla (Eclesiastés 5:5).

4. Sólo deberíamos pedir prestado si tenemos la certeza de que podemos pagar.

Sólo deberíamos pedir prestado si nuestro "activo" es mayor que nuestro "pasivo". Este principio se hace claro en la compra de un auto "cero kilómetros". Ni bien llevamos el auto fuera de la concesionaria, ya perdió un buen porcentaje de su valor. Si luego de un par de meses tenemos problemas económicos y lo queremos vender, ¡el dinero que recibiremos por él no alcanzará a pagar la deuda original! Nuestro pasivo (deuda) es más alto que nuestro activo (dinero que puedo recibir por el auto).

En el caso del auto (o de una casa), podríamos poner la suficiente cantidad de dinero de "enganche " para que, de esa manera, pidamos prestado una cantidad menor que el valor del auto en el mercado del "usado". También podríamos usar otra propiedad colateral para mejorar la situación de nuestro activo. Pero ése es tema para otro "sermón".

Lección 6

Planes financieros a corto plazo (Segunda Parte)

En la lección anterior nos quedamos con el ejemplo de un sujeto que ganaba 1,600 dólares anuales. A esta cantidad le dedujimos el 10% para el Señor (160 dólares) y el 15 % para el gobierno (240 dólares). El total restante fue 1,200 dólares. Esta cantidad tuvo que dividirse entre 12, para sacar la cifra mensual de entrada neta (100 dólares). Este sería el 100% de lo que tiene para gastar.

Ahora, de esa cantidad, vamos a asignar un porcentaje determinado para cada gasto, ya sea vivienda, alimento, transporte, seguro de vida, deudas, recreación, vestuario, ahorros, servicio médico y gastos varios. Estos son porcentajes sugeridos y le servirán como una guía para hacer su propio plan. Si bien los porcentajes sirven solamente dentro de EEUU, el concepto de decidir en una cantidad o porcentaje fijo para cada categoría es una idea transferible a todas nuestras culturas y economías latinoamericanas.

A. Gastos de Vivienda

A nuestro sujeto le quedan 100 dólares por mes. En primer lugar, sugerimos que, aproximadamente, para los gastos de su vivienda separe el 35% de sus entradas de dinero. En algunos países va a ser más, en otros va a ser menos, pero no debería ser más del 40% de sus entradas. Si está gastando más del 40% en su vivienda, va a tener problemas, porque le faltará dinero en otras áreas de su vida.

Por ejemplo, en California, una señora nos llamó una vez y nos dijo: "Yo no puedo vivir en una casa invirtiendo solamente el 35% de las entradas de dinero". -"¿Cuánto necesita?", le dijo Larry Burkett. -"Necesito por lo menos el 45% de las entradas de dinero". -"En cuanto a otros gastos, como alimento, ¿cuánto dinero necesita?". Ella le dijo: "no puedo vivir con alimentos con un 17 ó un 15 %. Necesito más". Luego de sumar todos sus porcentajes se dio cuenta de que le daba el 140%. Pues, si le da el 140% de su salario, al final del mes, va a saber que está gastando más de lo que en realidad debe gastar.

Lo que tiene que ver es que el presupuesto para su vivienda no sea demasiado alto, dentro de su presupuesto general de 100% que tiene para gastar cada mes. Normalmente entre un 35 y 40%. En algunos casos uno puede gastar más.

Por ejemplo, conocí una pareja que podía gastar, en su vivienda, el 60% de sus entradas, porque el papá de la muchacha tenía un negocio que vendía alimentos y se había comprometido a proveerle alimentos hasta que terminaran de pagar su casa. El papá del muchacho tenía un lugar donde vendía automóviles, y le había dicho a este joven: "Te voy a proveer de un automóvil para ti y para tu esposa, hasta que ustedes terminen de pagar su casa". Entonces, tanto el problema de transportación como el de alimentación estaban resueltos. Ellos podían pasar cierto porcentaje a la parte de la vivienda.

Normalmente no deberíamos estar gastando más del 35% al 40% de nuestro Ingreso Neto Disponible en la vivienda. Y ¡atención! La vivienda incluye impuestos de la vivienda, seguros, servicios públicos, alquiler y por supuesto, el pago de la hipoteca. Usted me dice: "Andrés, yo no puedo vivir con ese porcentaje. ¿Dónde crees que vivimos?". Especialmente si vive en Estados Unidos, los alquileres en las grandes ciudades son bastante altos. Me puede decir: "Andrés, nosotros gastamos más de esa cantidad". Pues, entonces, debe mirar su presupuesto familiar y evaluar si está viviendo en una casa demasiado grande o en un barrio demasiado caro. Debería ver la posibilidad de mudarse a otro lugar que fuera más barato.

Para eso le sirve el presupuesto familiar. Es útil para tomar decisiones que de otra manera no podría tomar. La vivienda, entonces, requiere un 35% a un 40%. De nuevo, éste es un porcentaje simplemente sugerido. Póngalo de acuerdo a sus necesidades particulares.

B. Gastos de Alimentación

Nosotros sugerimos que no gaste más del 17% de su Ingreso Neto Disponible en alimentos. Estos incluyen los alimentos que está gastando en su hogar y también los que lleva su esposa (o) al lugar de trabajo.

C. Gastos de Automovil

El gasto del automóvil no es solamente comprarlo. También debe mantenerlo. Además tiene que pagar los impuestos y el seguro. Por otra parte, tendría que estar guardando algo de dinero todos los meses, para poder reemplazar ese auto cada 4 ó 5 años. Quizás ni usted ni yo vamos a comprar, en nuestra vida, un auto 0 Km, pero sí podemos comprar un auto usado. Podemos guardar cada mes una parte de este presupuesto en una caja de ahorro, o en una cuenta, para que de acá a 4 ó 5 años se acumule lo suficiente, para poder vender el auto usado y comprar otro auto un poco más nuevo. Recuerde que dentro de la transportación debe incluir el seguro, la reparación, y por supuesto, la compra de otro auto diferente para su familia, si no un día de estos se va quedar sin auto.

D. Gastos de Seguro

Nos referimos principalmente al seguro de vida. En Estados Unidos es bastante común que una familia tenga un seguro de vida. Más o menos el 3% de sus entradas de dinero deben ir guiadas hacia ese lugar. No debería ser mucho más. No le recomendamos que lo sea.

Necesitamos tener un seguro, una forma de asegurarle a nuestros hijos educación; y a nuestra esposa, una situación más o menos estable, en caso de que vayamos a la presencia del Señor. Nosotros no somos quiénes para decirle al Señor cuándo vamos a ir delante de Su presencia. Pero sí tenemos la responsabilidad de serles fieles a El cuidando de dejar todos nuestros negocios en orden cuando salgamos de esta Tierra.

Es una vergüenza el ver a aquellos hombres que, al morir, dejan a sus familias endeudadas y a sus esposas desválidas para confrontar el futuro de la familia. No sea uno de ellos. Tenga un seguro de vida y, de esa manera, cuando vaya a la presencia del Señor, su esposa podrá pagar cualquier deuda en la que usted haya incurrido y sus niños/as tendrán la posibilidad de tener un futuro a pesar de la falta de papá (y le hablo a los padres porque somos nosotros los que generalmente pasamos a mejor vida primero).

E. Gastos de Deudas

Por otro lado, nosotros sugerimos que más o menos gaste en pagar deudas el 5% de sus entradas de dinero. Si compró algo nuevo para su casa y lo puso en un plan de pagos, no debería ser mayor al 5% de las entradas de dinero. Muchos deben estarse riendo en este momento, especialmente los que viven en Estados Unidos, porque tenemos la tendencia de poner muchas de las cosas que compramos en planes de pago a corto o a largo plazo.

Esto no es muy bueno, porque como le decía anteriormente, usted no es dueño de las cosas hasta que las termina de pagar y no es dueño de su futuro. No sabe qué es lo que va pasar el día de mañana. Si está gastando demasiado en pagar a largo plazo en cosas pequeñas que podría haber comprado con dinero en efectivo está empeñando a su familia. La está poniendo en una situación de peligro, especialmente si pierde su trabajo. No le conviene poner demasiadas cosas en el área de los pagos y las deudas. No más del 5% del presupuesto debería ir a pagar ese tipo de deudas.

F. Gastos de Entretenimiento y Recreación

Sugerimos que gaste el 5% en esta área. Puede decirme: "Andrés, nosotros no pensamos entretenernos ni recrearnos". Eso no es cierto. Usted se va a entretener y se va a recrear. Lo necesita. Recuerde que el Señor creó al mundo en seis días y el séptimo día descansó. Lo mismo con nosotros. Debemos trabajar por un tiempo y necesitamos darle a nuestra familia un descanso, una recreación.

En entretenimiento y recreación también van los ahorros para irse de vacaciones. Usted me dice: "Pastor Panasiuk, no nos vamos a ir de vacaciones este año". Bueno, este año quizás no, pero el año que viene sí. Su familia lo necesita. Debería estar proveyendo algo de vacaciones para ellos, aunque sea unas vacaciones sencillas. Debería tener allí algo de dinero.

Recuerdo que cuando apenas me casé, mi esposa y yo, solamente podíamos poner 20 dólares por semana para la recreación. Muy poco. Eran 10 ó 20 dólares por semana que disponíamos para recrearnos, pero a veces no salíamos un fin de semana, y entonces, el fin de semana próximo ya teníamos 40. Si no salíamos por dos fines de semana seguidos, entonces al tercer fin de semana ya teníamos 60 dólares ahorrados. Así podíamos ir a un hotel lindo y lujoso, y a un restaurante bueno. Nos vestíamos bien, con traje y corbata. Le compraba un ramo de rosas a mi esposa y la hacía sentir bien, por lo menos una vez al mes. ¿Por qué no? Su esposa se lo va a agradecer. Guarde aunque sea un poco para recrearse.

Rochelle y yo teníamos trabajo de tiempo parcial. No teníamos mucho dinero. Apenas podíamos sobrevivir, pero guardábamos un poco cada semana para poder recrearnos. Eso nos ayudaba para tener energía, vivir la vida más alegremente y trabajar con más ganas. Guarde para la recreación y el entretenimiento.

G. Gastos de Vestuario

Para los gastos de vestuario le sugerimos un 5% de sus entradas de dinero. Alguna gente me dice: "Nosotros no gastamos mucho en vestuario". De todas maneras tiene que poner algún porcentaje de dinero, porque los niños necesitan zapatos, usted necesita ropa, su esposa necesita vestirse, etc. Usted puede decir: "Mi esposa cose". Pues, necesita comprar los materiales. Quizá no sea el 5%, quizá sea el 3, 2, ó el 1%. El porcentaje que funcione para su familia, pero debe tener, cada mes, una cierta cantidad de dinero para vestuario.

Ahora, si llega a fin de mes y dice: "No usamos el dinero para el vestuario, vamos a irnos a comer algún lugar y celebrarlo". ¡No! Porque si no usó ese dinero en vestuario este mes, lo va a necesitar el mes que viene. Las necesidades se le van a acumular. A veces hace falta comprar ropa que es más cara. Aunque tenga ese dinero en el banco, en la cuenta de ahorros, o sea cual sea la forma que usa para ahorrar su dinero, déjelo allí, aunque se acumule, porque lo va a necesitar después.

H. Ahorros

Debe ahorrar por lo menos el 5% de sus entradas de dinero. Dicen que los japoneses ahorran como el 7% en promedio de las entradas de dinero. En Estados Unidos se ahorra como el 2 ó 3% (es uno de los países más ricos y donde la gente ahorra menos). Lamentablemente esto va a provocar problemas en el futuro. Usted debe ahorrar.

Dice el libro de los Proverbios que debemos mirar a la hormiga que trabaja durante el verano y acumula para el invierno. Ahora que tenemos energías y fuerzas, ahora que podemos y que las cosas nos van bien, debemos guardar para el futuro, cuando no tengamos tantas fuerzas y/o las cosas no nos vayan tan bien.

Si usted me dice: "Nosotros tenemos muchas deudas. No podemos estar ahorrando. Tenemos que pagar las deudas". Eso es un tremendo error. Debe ahorrar, porque si tiene deudas y llega algo imprevisto en su vida ¿a dónde va a recurrir para no caer más en deudas? Va a recurrir a sus ahorros. Pero, si no tiene ahorros que le provean una zona de alivio, un respiro, entonces va a tener que ir y pedir prestado más aún y va a caer más profundamente en deudas. Aunque sea el 1% de sus entradas mensuales de dinero debe ir para el ahorro.

Recuerdo la historia de un pastor que era misionero. Uno muy pobre, que comenzaba iglesias en diferentes partes del mundo donde antes no había. Una vez, el hermano Larry Burkett estaba hablando en un seminario. Este pastor vino y le dijo: "Hermano Burkett, ¿podemos hablar?". -"Bueno, como no. Con mucho gusto". El hermano Burkett empezó a pensar: "¿Qué le voy a decir a este hombre, que no gana casi nada? Vive con sueldos de miseria, sacrificándose en los pueblos perdidos de Latinoamérica". Se sentaron a conversar. El pastor le dijo: "Tengo un problema bastante serio. Tengo más o menos unos 150.000 dólares en el banco y no sé que hacer. En estos momentos las entradas de dinero, por los intereses, son más altos que la entrada de dinero que me paga la misión". Entonces, el hermano Burkett empezó a investigar: "¿Cómo puede ser que tenga tanto dinero?". El pastor respondió: "Bueno, tengo un principio básico en mi vida: Nunca gasto más de lo que recibo".

Sencillo, si uno no gasta más de lo que gana, nunca va a estar en deuda. Este pastor ahorraba muy poco cada mes, pero con lo poco que ahorraba, iba comprando un terreno aquí y otro allá. Como eran lugares pioneros, de misión, al principio no valían casi nada. Pero, después de 20 ó 30 años de ministerio, esos terrenos estaban en lugares céntricos de la ciudad y los podía vender por una cantidad de dinero muchísima más grande.

Entonces: invierta, guarde, ahorre, aunque sea un poco de dinero. Confíe en que Dios es su proveedor. Si usted es una persona que no guarda; que vive la vida en forma irresponsable sin ahorrar para esos momentos de dificultad; se va a encontrar en serios problemas cuando el Señor traiga a su vida momentos de prueba. Entonces: ahorre siempre.

I. Gastos para Seguro Médico

En Estados Unidos, el costo de médicos y dentistas es bastante considerable. En algunos países latinos, el médico o dentista es algo que está provisto por el gobierno, y es bastante económico, o es gratis. De todas maneras, debería ahorrar para cuestiones médicas como para pagar tratamientos especiales o para comprar medicamentos. Ahora no puede verlo, pero quizá lo necesite para el futuro. Si vive en Estados Unidos, por lo menos el 3% de su salario debería ir hacia gastos médicos y ahorre para casos de emergencia.

J. Gastos Varios o Misceláneas

Un 5% debe estar destinado a gastos varios. ¡Algunos de nosotros tenemos hasta un 35% allí!. Es como tener un agujero negro, de esos del espacio, en el que las cosas se meten y uno nunca sabe cuánto gasta en total. Debemos controlar esa parte de nuestro presupuesto familiar. Entonces, un 5% de nuestro presupuesto debe ir para misceláneas.

Mi esposa y yo nos pusimos de acuerdo en eso. Dijimos: "Esta es la cantidad de dinero que vamos a gastar de misceláneas". Vamos al banco a principio de mes (en realidad lo hacemos el 1, el 8, el 16 y el 24 de cada mes), sacamos el dinero en efectivo, y cuando se acaba, se acabaron las misceláneas, se acabaron todas las cosas que no tienen que ver, específicamente, con nuestro presupuesto familiar. Controle esa área porque es, realmente, una de las más difíciles de controlar y por donde se nos van, regularmente, los pesos o los dólares que no deberíamos gastar.

Estos porcentajes, (como hemos mencionado) son sólo una guía. Debe usarla para elaborar su propio presupuesto. En primer lugar, debemos ver el presupuesto en forma anual, porque hay pequeños gastos que llegan de pronto a lo largo del año, y que no los tiene todos los meses. El seguro del auto viene de vez en cuando, o ciertos impuestos debe pagarse tres o cuatro veces al año, y no solamente una vez por mes. Mire primero a su presupuesto en forma anual. Cuente todos esos pequeños gastos y luego divídalo por 12. Si le sobra dinero un mes, no lo gaste. Lo va a necesitar más adelante. Debemos ahorrar para los imprevistos y debemos controlar las misceláneas.

La otra manera es ver el presupuesto desde el punto de vista mensual y tomar en cuenta los gastos trimestrales, cuatrimestrales o semi-anuales para incorporarlos con el porcentaje que les corresponda a nivel mensual. Por ejemplo: si yo pago $600 cada seis meses para el seguro del auto, entonces, cuando hago mi presupuesto mensual separo (me hago un cheque y me pago a mí mismo) $100 cada mes para ese seguro.

Cuando llega el momento de pagarlo, tengo el dinero en una cuenta de banco (o en una cajita en mi casa), y mi familia no sufre necesidad ni yo sufro de un ataque de acidez estomacal porque tengo que desvestir a un santo para vestir a otro.

Podríamos asociar este presupuesto a un sistema de sobres. Para cada una de estas categorías que le he dado, puede tomar un sobre blanco grande. A principio del mes cambie su cheque en dinero en efectivo y coloque el dinero dentro de los sobres. Entonces, cada vez que va a hacer las compras o va a gastar algo, tome el dinero dentro de los sobres. Cuando se acabe el dinero del sobre, no se gasta más.

También puede usar un sistema de planillas, como la que hay en el "Cuaderno de planificación financiera". (Aquí encontrará varias planillas que le van a ayudar a manejar su dinero). Si no tiene sobres en su casa, puede usar esas planillas, pero a mi esposa y a mí nos resulta mucho más fácil manejar el asunto con los sobres.

Si vive en Estados Unidos, o en algunos países de Latinoamérica, hay programas de computadoras que le pueden ayudar en gran manera a manejar su presupuesto familiar. Lo único que tiene que hacer es colocar la información dentro de su programa de computadora para dividir todas las categorías que le hemos dado; asignarle la cantidad de porcentajes que va a necesitar y la computadora le puede ayudar a manejar sus finanzas.

El presupuesto sirve para tomar decisiones. No es una herramienta para hacernos la vida imposible. Le va a ayudar, por ejemplo, a decidir si se tiene que mudar. Quizás está diciendo: "Estamos pagando demasiado por esta vivienda". Tal vez es tiempo de cambiar de casa, o de vivir en una forma más sencilla.

Mi papá es un hombre de negocios y cierta vez, cuando yo le pregunté por qué no nos mudábamos a un mejor barrio me dijo: "Andrés, nosotros pertenecemos a una clase social mediana en nuestro país, y en este lugar nos tenemos que quedar. Hay ciertas cosas que podemos comprar. No deberíamos tratar de comprar las cosas que compra la clase más alta. Deberíamos aprender a vivir dentro de nuestra clase social".

Es importante darnos cuenta que cuando uno compra una casa en un barrio mejor, debe comprar también un auto mejor, vestir mejor ropa, veranear en lugares mejores, asistir a escuelas más caras, tener mejores fiestas, etc. El problema que tienen muchos jóvenes el día de hoy, y muchos adultos también, es que queremos vivir en una clase social a la cual no pertenecemos y, entonces, comenzamos a gastar lo que no tenemos.

En Romanos 12:3 dice: "Nadie debe pensar de sí mismo más de lo que realmente es". Lo que nos pasa muchas veces en el ambiente financiero es que pensamos más de lo que somos. Queremos aspirar a ciertas cosas que no podemos obtener. Queremos un auto que no va de acuerdo a la cantidad de dinero que recibimos en nuestro trabajo. Queremos casa y ropa que en realidad no podemos pagar. Es ahí donde empezamos a vivir en deudas, porque entonces nuestros gastos son mayores que nuestras ganancias.

Recordemos que:

La forma en la que manejamos nuestro dinero es solamente un indicador externo del estado de nuestra vida espiritual interna.

Muchas veces no queremos reconocer la bendición de Dios para nuestra vida (vuelva a ver Proverbios 10:22). No queremos reconocer que éste es el nivel donde Dios nos quiere y que Él nos ha dado cierta cantidad de dinero y no otra. No queremos someternos, obedientemente, a lo que Dios quiere que hagamos con nuestras vidas. Comenzamos a malgastar el dinero de Dios y manejar mal las cosas que Él nos confió.

III. CÓMO COMENZAR A PLANEAR A CORTO PLAZO

Hemos visto un presupuesto sugerido. Ahora le voy a dar algunas ideas sobre cómo comenzar a planear para que el día de hoy comience ya a tomar algunos pasos importantes.

A. Tome un Día para Discutir estos Asuntos con su Cónyuge

Pida a su cónyuge que se tome un día de vacaciones en su trabajo. Usted tome uno en el suyo, (o bien, puede ser un sábado). Comenten estas cosas en familia. Es importante ver cuándo van a sacar el tiempo para tomar decisiones. Pida, quizás a los suegros, familiares, o algún amigo que cuide los niños y quédese sólo con su cónyuge.

B. Mire su Libreta de Cheques y Recibos del Año Pasado

Fíjese cómo estaba gastando su dinero el año pasado o cómo se le va el dinero en estos días (si vive con inflación). Si vive en Latinoamérica, como viví yo, se va a dar cuenta que no hemos guardado ni cheques ni recibos, y tenemos muy poca información con respecto a lo que ocurrió el año pasado. Lo que puede hacer es tomar una libreta y comience a anotar el tipo de gastos que hacen.

La otra cosa que puede hacer, es colocar una caja de zapatos en la cocina de la casa y colocar allí los recibos de todas las compras que haga durante los próximos 30 días. A fin de mes, puede sacar los recibos, separarlos en las categorías que le hemos sugerido y se dará cuenta de cómo se le está yendo su dinero. Le recomiendo que lo haga por dos o tres meses consecutivos.

C. Haga un Diario por 2 Meses de Todos sus Gastos

Tome un cuaderno y haga un diario, por dos meses, de todos y cada uno de sus gastos. Generalmente en un mes hay cosas inesperadas y no podemos hacer un presupuesto basado en lo que nosotros estamos haciendo en un mes. Marque, en este diario, todos sus gastos. Si usted tiene su caja de zapatos, no necesita hacer un diario.

D. Compare sus Gastos con sus Entradas

Debe comparar el total de sus gastos con todas sus entradas de dinero para saber si está gastando más de lo que gana.

E. Deje Dinero para las Categorías "Anuales " o "Semi-anuales "

Le debe quedar dinero para las categorías anuales o semi-anuales. Si no le queda, va a tener que poner dinero allí, porque sino, cuando lleguen esos pagos que tiene que hacer a lo largo del año, que no son mensuales, va a tener que recurrir al préstamo, a la deuda o sacar de otras categorías para pagar. Entonces, incluya esas categorías.

F. Compare el Presupuesto Sugerido y Personalícelo

Finalmente, compare sus gastos con nuestro presupuesto sugerido y adáptelo a su situación particular. Personalice esos gastos. De esa manera va a poder tomar control sobre su vida financiera, por lo menos a corto plazo.

Vamos a terminar con una oración. ¿Quiere hacer esta oración juntamente conmigo?:

"Padre Celestial, yo te pido que tú tomes control de nuestras vidas. Toma control de nuestro ser y ayúdanos a obedecerte en esta área oculta de nuestra vida. Ponemos en tus manos nuestra vida financiera y queremos reconocer delante de ti que Tú eres Señor y Dios, que Tú eres el Rey de reyes y el Señor de señores. Queremos obedecerte en esta área, a pesar de que no nos sea conveniente. Ayúdanos a establecer un plan a corto plazo para las finanzas de nuestro hogar. En el nombre de Jesús. Amén."

Ejercicios de Lección 6

Hacer un análisis presupuestario significa ver cómo se está gastando el dinero en una familia o individuo. No significa cómo se quiere gastar el dinero.

Con las planillas que le estamos proveyendo haga un análisis presupuestario de su familia o de alguna familia de la iglesia.

Comience averiguando cuánto gasta la familia cada mes en cada una de las categorías que le estamos sugiriendo.

Si hay alguna categoría que no hemos incluido, colóquela al final de la planilla, en el espacio que le estamos proveyendo.

Hay gastos que, como el alquiler de la casa o el pago del auto, son consistentes mes tras mes. Pero para aquellos gastos que no son consistentes, como la comida, el entretenimiento o los gastos misceláneos, use un promedio para cada categoría que deberá tomar de los recibos que pueda tener acumulados.

Conjugando el Verbo "Tarjetear"

Explorando el Concepto Bíblico de la Riqueza

por Andrés G. Panasiuk

¿Cómo se conjuga el verbo "tarjetear"?

Se conjuga: Yo debo, tú debes, él debe...

El uso de las tarjetas de crédito se está convirtiendo en un verdadero dolor de cabeza para muchas familias hispanas de nuestros días. Las deudas y tarjetas se acumulan; y juntamente con ellas, tensiones familiares y personales.

Los compromisos contraídos con tarjetas de crédito en Estados Unidos se han cuadruplicado desde el año 1986. La deuda de los consumidores norteamericanos ha llegado a un billón de dólares. Para tener una idea de la seriedad del asunto, si colocáramos billetes de cien dólares, uno encima del otro, con un billón de dólares haríamos una columna de unos ¡cien kilómetros de alto! (unas setenta millas). De acuerdo a las últimas informaciones recibidas en nuestras oficinas de Conceptos Financieros Cristianos, una familia promedio en Estados Unidos tiene alrededor de once tarjetas de crédito y una deuda de ¡más de diecinueve mil dólares!

¿Y cómo andamos los latinos? No mucho mejor que los norteamericanos. El crédito fácil ha sido un veneno para muchas de nuestras familias.

Por un lado, porque muchos de nosotros crecimos en un pasado donde tener crédito era sólo cosa de ricos, y entonces nunca aprendimos a manejarlo. Por el otro, las oficinas de mercadeo en estos días promueven la idea de "téngalo ahora y pague después": una filosofía de consumo peligrosa.

A pesar de los problemas que nos ha traído el aumento de las deudas entre nuestra comunidad (tanto dentro como fuera de la iglesia), es importante aclarar que la Biblia nunca dice que el pedir prestado sea pecado. En realidad, en el libro de Deuteronomio, Dios mismo establece las reglas sobre cómo pedir prestado y pagar las deudas. Sin embargo, el concepto de la deuda tanto en el Antiguo como en el Nuevo Testamento nunca está asociado a un concepto positivo. Por ejemplo, Proverbios 22:7 dice que "... el que toma prestado es siervo del que presta", y si usted no lo cree, deje de hacer dos o tres pagos de la cuota de su automóvil y ¡verá quién es realmente el dueño!

Dios no desea que su pueblo le sirva a nadie más que a Él. Así que, antes de "tarjetear", tome en cuenta estos principios económicos para no tener jamás problemas con el uso de su crédito:

1. Nunca compre con la tarjeta algo que no esté presupuestado

Cuando se encuentra frente a la posibilidad de una compra, considere si lo que va a comprar está dentro de su presupuesto familiar. Si no está dentro del plan económico de la familia, dé media vuelta y márchese. El único problema que este principio trae asociado es que muestra una realidad en nuestra vida como latinoamericanos: ¡primero debemos aprender a presupuestar!

Nunca desvista a un santo para vestir a otro. Si usted está comprando a crédito comida, ropa y otras necesidades básicas de su familia, es que usted ya se ha gastado ese dinero en alguna otra cosa. Pregúntese: ¿Por qué no tenemos el dinero disponible? La mayoría de las veces es porque la familia ha pasado por una crisis financiera, y en el banco no había suficiente dinero ahorrado para solventarla. Su familia debería tener, por lo menos, dos o tres meses de sueldo ahorrados en efectivo o en una cuenta bancaria a la que usted pueda acceder inmediatamente. Comience hoy mismo a ahorrar, aunque sea unos pocos dólares por mes ("algo" es siempre mejor que nada).

La gente dice: "Fue una situación inesperada". Pero lo inesperado no sería tan "inesperado" si lo estuviéramos esperando. Espere las crisis económicas. Vendrán como llegan las tormentas en el mar: rápidamente y de donde menos se espere.

La Biblia nos dice que tenemos que aprender de la hormiga y no ser perezosos: en el verano de nuestra vida debemos juntar para los inviernos (Proverbios 6: 6-11). El problema es que algunos hermanos un tanto holgazanes prefieren escudarse en una interpretación mediocre de las Escrituras y dejan que el "mañana traiga su propio afán". Usted puede estar absolutamente seguro que estos hermanos "fiestasiesta" ¡se afanarán (y en gran manera) cuando les llegue el día de mañana!

2. Comprométase delante de Dios a pagar cada mes el 100% del saldo

Tome ese compromiso hoy mismo. Aunque ya tenga muchas deudas con su tarjeta de crédito, prométale al Señor que cuando llegue fin del mes usted pagará todo lo que cargó en la tarjeta durante el mes y, además, los intereses correspondientes. De esa manera, usted se asegurará de no caer en deudas cada

vez mayores. En el día de hoy, con el alto interés que están cobrando las tarjetas y lo pequeño que es muchas veces el pago mínimo, si usted sólo hace ese pago no saldrá fácilmente de su compromiso. Aún más, en ciertos casos específicos, si usted hace el pago mínimo de su tarjeta, en realidad no sólo no avanzará en la reducción de su deuda sino que ¡continuará hundiéndose!

3. Comprométase a no usar más su tarjeta de crédito.

Si usted hizo ese compromiso ante Dios y, de pronto, hay un mes en que no puede cumplir con su promesa, entonces aplique este tercer principio que, en realidad, es una buena forma de practicar sus habilidades como chef... Esta es una receta de cocina que me pasaron hace algún tiempo:

   a. Caliente el horno a fuego moderado hasta llegar a los 350° F ó 170° C.

   b. Prepare una bandeja para pizza y úntela con aceite o manteca.

   c. Coloque sus tarjetas en la bandeja y la bandeja en el horno durante 15 minutos.

   d. Llame a la compañía que le envía las tarjetas y dígales que no quiere que le manden ningún reemplazo.

No se sienta mal. Lo que sucede es que ciertos tipos de personalidad simplemente manejan mejor los conceptos y las ideas concretas. Esas personas (entre ellos tengo algunos muy buenos amigos) no debieran manejar un concepto abstracto como el concepto del crédito. "Tarjetear" no es para usted. Maneje dinero en efectivo.

Si en su vida financiera usted cumple estos tres simples principios económicos, nunca tendrá problemas con este tipo de deudas y desde ahora podrá comenzar a conjugar el verbo "tarjetear" de una manera totalmente diferente.

Unidad 3

"Viviendo de acuerdo con el plan de Dios para Su dinero"

Lección 7 Aprendiendo a planear a largo plazo

Lección 8 Aprendiendo a planear a largo plazo (2° parte)

Lección 7

Aprendiendo a planear a largo plazo

Hemos estado estudiando la manera de vivir de acuerdo con el plan de Dios en lo que se refiere a nuestras finanzas. Vivir de acuerdo a ese plan es vital e importantísimo para tener la bendición divina sobre nuestras vidas. Si queremos estar bien económicamente, si queremos que nuestras vidas tengan paz, protección y guianza de Dios en cuanto a lo económico, debemos aprender a obedecer lo que Dios quiere de nosotros en nuestra vida financiera. A pesar de que nuestra vida financiera sea muchas veces un tanto oculta, y que no se la mostremos a nadie, recuerde que Dios sí la conoce y El espera que usted le honre y le obedezca en toda su vida tanto en lo espiritual como en lo material.

I. SEÑALES DE PELIGRO EN LA VIDA FINANCIERA

Quiero mostrarle, en primer lugar, algunas señales de peligro en nuestra vida financiera. Son esas luces rojas que surgen de pronto en nuestra vida y nos dicen: "¡Cuidado! ¡Peligro!". Hay algo a lo que usted debe de prestarle atención. Son como esos carteles en las autopistas que dicen: "¡Peligro! Adelante hay una situación peligrosa para usted, debe disminuir la velocidad, debe tomar un desvío". Si ve una de estas señales de peligro en su vida económica personal, debe comenzar a dar un giro, ponerle freno, bajar la velocidad y hacer un desvío en su vida financiera.

A. Sobrepasar los Porcentajes Sugeridos en las Categorías

La primera señal de peligro se presenta cuando sobrepasamos los porcentajes sugeridos en dos de las categorías anteriormente citadas. Como mencionamos, el presupuesto familiar no debe ser una cuestión fija, inamovible. A veces se nos presenta la necesidad de cambiarlo, por lo tanto, existe cierto margen de error que debe estar colocado allí. Pero si usted está sobrepasándose en forma consistente en, al menos, dos categorías debería estar preocupado.

Es un problema de disciplina. No es un problema de ganar poco, es un problema de gastar mucho. El secreto para un manejo exitoso de los recursos que Dios nos da no está en cuánto ganamos, sino cuánto gastamos. Ganemos mucho o ganemos poco, debemos tener la capacidad de manejar nuestra vida de tal manera que vivamos de acuerdo a las capacidades económicas que tenemos. Los que tenemos menos, pues vivimos con menos, y los que tenemos más, vivimos con más. Sea cual sea su situación económica, debe aprender a gastar siempre menos de lo que gana. Proverbios 21:20 dice que el hombre que ama los deleites de este mundo será un hombre necesitado:

"En casa del sabio abundan las riquezas y el perfume, pero el necio todo lo despilfarra". (Nueva Versión Internacional)

Cuando se trata de temas morales o cuestiones de la iglesia, es fácil obedecer a Dios, pero cuando se trata de cuestiones económicas, siempre ocultas (inclusive de nuestros propios familiares cercanos, como nuestro propio cónyuge), ya no es tan común obedecerle. Es muy importante que aprendamos a obedecer a Dios también en esas áreas secretas de nuestra vida, aquéllas que nadie conoce más allá de nosotros mismos.

Por cada una de las referencias en la Biblia que habla sobre cuestiones morales, hay 10 referentes a la manera en que debemos manejar nuestro dinero. Es decir diez a uno. El único tema del cual el Nuevo Testamento habla más que de las cuestiones financieras ¡es el tema del amor! Entonces ¡atención! Si, en EEUU, hay más de dos categorías en las que estamos gastando más allá del porcentaje que le hemos sugerido, ésa es una señal de peligro.

B. Pedir Prestado para Pagar Deudas

Debemos tener cuidado si estamos haciendo uso del crédito para pagar deudas. A veces alguna gente me dice: "Andrés, nosotros no usamos la tarjeta de crédito nunca, solamente cuando estamos en una situación inesperada, de gran necesidad o de emergencia". Esa es una situación peligrosísima. Pues quiere decir que no estoy ahorrando lo suficiente en los momentos en los que me va bien en la vida, para prepararme para aquellos momentos en que me va mal. Eso es, como se dice en nuestros países: "desvestir a un santo para vestir a otro". Lo inesperado no sería tan inesperado si lo estuvieramos esperando. Y para esperar lo inesperado debemos ahorrar con regularidad.

Como consecuencia, tendremos un problema serio en nuestras cuentas al final del año. Esas deudas se irán acumulando y dentro de nuestro presupuesto no tendremos la cantidad de dinero suficiente como para pagarlas, causando que vivamos constantemente bajo el yugo de una deuda que se extenderá por años.

Como mencionamos en la lección anterior, no deberíamos gastar más del 35 ó 40% de nuestro presupuesto en la vivienda. Alguna gente dice: "¡Eso es imposible! Nosotros vivimos en una casa que nos absorbe más del 45 ó 50% de nuestro Ingreso Neto Disponible". La respuesta es sencilla: la casa en la que está viviendo es demasiado grande. Está gastando excesivamente en esa área. Debería pensar en mudarse a otra casa. Debería pensar en comprar en alguna otra colonia o barrio más barato.

Incluso podría pensar en mudarse a otro estado o provincia del país. En EEUU, por ejemplo, el costo de vida de un estado a otro puede variar considerablemente. En algunos casos hasta el 30%. Recuerde que usted no ha firmado ningún contrato con el gobierno para tener que quedarse a vivir en la ciudad donde está viviendo. Si el costo de la vida es demasiado alto en el lugar donde esta viviendo, ¡ejerza su libertad y múdese!

Otros dicen: "El auto que estoy manejando se lleva mucho más del 17% de mi presupuesto, se lleva el 25%". Pues, si esa es la realidad, quizás debería pensar en cambiar su auto, o no tener auto en absoluto. Lo importante aquí, es aprender a ver cómo andamos realmente, cómo se balancea y cómo funcionan todas las piezas del rompecabezas de nuestro presupuesto familiar. Si llegamos a la conclusión de que estamos gastando por encima de lo que tenemos en más de dos áreas, es una señal clara de peligro. Y si pedimos prestado para pagar las deudas que surgen inesperadamente, también es un problema bastante serio.

Proverbios 27:12 dice que "el avisado ve el mal y se esconde". Esto quiere decir que el que es sabio ve el mal que está adelante y toma las medidas necesarias para evitar ese mal o para que no lo afecte seriamente. Si usted ve que está pagando sus deudas a base de préstamos, y si encima de estas deudas le vienen esos "gastos inesperados" para los cuales está recurriendo a más préstamos o a su tarjeta de crédito para pagarlos, eso es definitivamente una señal de peligro.

C. No Ahorrar con Regularidad

Una tercera señal de peligro es si usted no está ahorrando con regularidad o no tiene una cuenta de ahorros. A pesar del hecho de que tenga deudas, debería estar ahorrando. A pesar de que esté pagando muchas deudas, debería estar sacando un poco de su salario, ya sea el 1, 2, 3 ó 5% y apartándolo en una cuenta de ahorros especial para cuando lleguen esos momentos inesperados.

¿Se acuerda de aquella porción en la Palabra de Dios que pone como ejemplo a la hormiga? (Proverbios 6:6). Ella trabaja duro guardando comida durante el verano para que cuando llegue el invierno y no pueda salir a buscarla, tenga lo que ha guardado. Usted debe hacer lo mismo: guardar ahora para después. Debe estar ahorrando para los momentos difíciles en una cuenta de ahorros especial, aunque sea poco, para que cuando le venga el golpe, no sea tan duro.

En una sociedad de consumo, como la es Estados Unidos, y en muchos de nuestros países de Latinoamérica, los medios masivos nos empujan al consumo y al poco ahorro. Estados Unidos, en realidad, es uno de los países de desarrollo con la mayor cantidad de entrada de dinero percápita dentro de su población. Sin embargo, son los que menos ahorran en el mundo desarrollado.

Esto está trayendo problemas dentro de su población.

¿Cuál es la costumbre en nuestros países? ¿Estamos ahorrando? ¿Cuál es la costumbre de su familia? Usted debería estar ahorrando por lo menos un poco. Recuerde que los medios de comunicación siempre le están incitando a cambiar su patrón de pensamiento. El pensamiento siempre es: "Necesito una computadora, un auto nuevo, una lavadora". Muchas veces, en realidad, no necesitamos esas cosas. Deberíamos decir: "Me gustaría, pero no lo necesito". No es una necesidad básica. Tenemos que aprender a diferenciar entre las necesidades, los deseos y los gustos.

Nuevamente, el libro de los Proverbios 21:20 dice:

"Tesoro precioso y aceite hay en la casa del sabio; mas el hombre insensato todo lo disipa."

Esto quiere decir que el insensato toma el dinero y compra las cosas que más le gustan. Uno de los problemas que yo tenía al estar trabajando en la ciudad de Chicago, como consejero familiar, pastor y consejero financiero bíblico, no era que muchas familias tuvieran problemas financieros porque no ganaban lo suficiente, sino por la forma en la que gastaban el dinero que ganaban. Recuerde que el sabio tiene aceite en su casa, guarda para el futuro, para los momentos difíciles. El necio (el tonto, en otras palabras), todo lo disipa.

D. Tener el Deseo de Escapar

El cuarto cartel grande que surge en la autopista de nuestra vida financiera dice: "Deseo de escapar". Si tiene el deseo de escapar, entonces, puede ser que esté sufriendo de esclavitud financiera en su vida económica. Si siente que debe salir (escapar) de la situación en la que está o que se debe ir de vacaciones, tiene que abrir los ojos y prestar atención porque allí puede haber alguna preocupación. "Ya no aguanto más, me quiero mudar para otro lado. Debo comenzar de nuevo. Voy a cerrar todas mis cuentas, hacer mis maletas e irme a otro país, estado o ciudad...". Si usted se siente de esa manera, es posible que esté pasando a través de problemas financieros bastante serios y es una señal de peligro para su vida financiera.

Le quiero decir una cosa: no lo haga. No necesita escapar. El problema está en que nosotros no queremos cambiar los problemas internos de nuestra vida. Recuerde que la forma en la que nosotros manejamos nuestra vida financiera es solamente una muestra externa de las cosas que están ocurriendo en nuestra vida interna espiritual. El problema financiero que usted tiene no es la causa, sino el efecto de un problema más serio y profundo.

En este caso, es un problema filosófico y espiritual de cómo está encarando su vida financiera.

Debe arreglar esa situación interna en su vida, de lo contrario, lo que va a ocurrir es que va a juntar todas sus cosas, las va a poner en su maleta y se va a mudar a otro estado, ciudad o país, y de aquí a 4 ó 5 años va a estar en la misma situación en la que se encuentra el día de hoy. El problema no son las circunstancias económicas que está viviendo el país en este momento. El problema está dentro de nosotros mismos.

Muchas veces, cuando las cuentas se acumulan, los padres ayudan a los hijos jóvenes; la esposa consigue otro trabajo; el esposo consigue un segundo trabajo, y todos trabajan para aumentar la cantidad de entradas dentro de la casa. Pero eso no soluciona el problema. El problema no está en ganar más, sino en gastar menos.

Proverbios 17:1 dice:

"Mejor es un bocado seco y en paz, que casa de contienda llena de provisiones. "

En otras palabras, mejor es que nos falten los lujos y llevarnos bien en casa. Mejor es estar pobres y llevarnos bien con la esposa. Mucho mejor que estar lleno de provisiones, que manejar un buen auto, que vivir en un barrio exclusivo y que vestir bien... y estar peleando todo el tiempo. Entonces, aprendamos a vivir dentro de nuestras posibilidades. Cuanto más el Señor nos dé, más vamos a poder gastar. Pero hasta que el Señor no nos dé más y no incremente la cantidad de entradas en nuestro presupuesto familiar, debemos aprender a manejar nuestra vida familiar de acuerdo a Su provisión y a Su bendición.

El problema del dinero es un síntoma externo de problemas internos más profundos. Como ya lo habíamos mencionado, existen tres problemas internos profundos que vamos a repasar brevemente:

1. Ignorancia sobre temas financieros

2. Las actitudes erróneas

3. Planeamiento inadecuado

La Palabra de Dios nos dice que debemos planear para el futuro. Planear como si fuéramos a vivir por 100 años, pero al mismo tiempo debemos vivir como si el mundo se fuera a acabar antes de que terminemos de leer este libro. Debemos estar seguros de que el Señor Jesucristo puede venir en cualquier momento. Por eso, debemos vivir vidas santas, que glorifiquen Su nombre, aun en nuestras finanzas. No mañana, pasado o cuando nos acordemos, sino hoy. Debemos ser obedientes ahora porque puede que el Señor venga hoy mismo.

Por otro lado, como vimos antes, debemos aprender a planificar el futuro como si fuéramos a vivir 100 años, porque queremos ser fieles administradores en la manera en la que manejamos los bienes que el Señor ha puesto en nuestras manos. No podemos encarar la vida diciendo: "Bueno, hoy tengo 100 pesos y me los voy a gastar como yo quiero, hoy y durante esta semana, según se vayan presentando las cosas". Tenemos que aprender a poner ciertos límites y a manejar nuestra vida de manera coordinada.

Si la iglesia tiene un programa social, además de estar proveyendo ayuda financiera a la gente, debería estar proveyendo enseñanzas sobre "cómo planear adecuadamente" a las personas que no tienen mucho dinero. Muchas veces nosotros no manejamos bien nuestra vida financiera por una cuestión de educación. Tenemos que aprender, como dice aquel viejo proverbio, no solamente a darles pescado a la gente, sino enseñarles a pescar. Si usted le da el pescado a alguien, lo va alimentar por un día, pero si le enseña a pescar, esta persona se va a poder alimentar a sí misma por el resto de su vida. Así es que quiero animar en este momento, no sólo a los laicos, sino también a los líderes de la iglesia a educar, con respecto a temas financieros, a aquéllos que se reúnen en sus congregaciones.

II. SEÑALES DE ESPERANZA: PLANEAR A LARGO PLAZO

Anteriormente vimos cómo planear a corto plazo, es decir, de aquí a unos doce meses. Ahora vamos a estudiar cómo planear a largo plazo: cómo y qué planear para la economía del resto de nuestra vida y aún más allá.

A. Desarrollar un Estilo de Vida "Razonable" En Hebreos 13:5 dice:

"Sean vuestras costumbres sin avaricia, contentos con lo que tenéis ahora; porque él dijo: No te desampararé, ni te dejaré."

¡Qué lejos está de muchos de nosotros este versículo! En realidad, creo que algunos ni siquiera sabían que estaba allí, en el libro de Hebreos. Es más, me parece que muchos de ellos no sabían que existía un concepto de este tipo en la Biblia. Dice el versículo que: "sean vuestras costumbres sin avaricia". No seamos avaros, es decir, no tengamos nuestra vida centrada en lo económico. No pongamos nuestros mayores esfuerzos en aquellas cosas que son intrascendentes, (aquellas cosas que se van a terminar, que van a ser deshechas cuando el Señor venga en Su Gloria). Más bien, busquemos las cosas trascendentes.

El versículo dice: "sean vuestras costumbres sin avaricia, contentos con lo que tienen ahora". Esto no significa que no debamos ir a trabajar, o que no debamos invertir nuestro esfuerzo en alimentar a nuestra familia y en proveer para sus necesidades, sino que debemos aprender a estar contentos con lo que tenemos ahora, con la provisión y bendición de Dios del día de hoy. Estamos hablando de contentamiento y no de conformismo. "Mi país está pasando por un momento difícil", me dice usted. Está bien, a pesar de ello estemos contentos. Es la actitud que yo tengo frente a la vida lo que hace la diferencia. Si tengo, puedo decir que estoy contento y sin embargo, en lo profundo de mi corazón, todavía querer más. Aprendamos a estar contentos con lo que tenemos y si el Señor nos da más, pues estemos contentos con eso, porque él dijo: "No te desampararé ni te dejaré".

Por otro lado, cuando hablamos de desarrollar un estilo de vida razonable, nos referimos a decidir cuánto, específicamente, es suficiente para mi vida. Es importante que usted y su esposa se sienten a la mesa y digan: "Mi amor, ¿cuánto es suficiente para nosotros?". Para algunos tener una casa, un techo sobre sus cabezas, alimento, ropa y escuela para sus hijos, es suficiente. Pues, ¡gloria al Señor por eso!

Algunos de nosotros quisiéramos tener un auto. "Señor, tú sabes, necesitamos un auto en nuestra casa porque vivimos lejos". En Estados Unidos, más que ser un lujo, un auto es una necesidad, porque las ciudades son muy grandes y su sistema de transporte no es tan desarrollado como en nuestros países latinoamericanos. "Nos gustaría tener dos autos". Perfecto, quizás se trata de una persona que ha estudiado mucho o que tiene una posición social más alta. Quizás el Señor le ha bendecido con más dinero y tiene un propósito en que guarde y mantenga ese nivel de vida social y económica.

¿Cuál es el nivel máximo al cual usted apunta en su vida económica? ¿Cuánto es suficiente? ¿Una casa, dos autos, alimento, una inversión en la educación de sus hijos? En algún momento tenemos que parar, porque si no lo hacemos caeremos en lo que llamamos el síndrome de "un poquito más". ¿Sabe cómo funciona este síndrome? Es lo que mencionamos en una de las lecciones anteriores. Cuando le preguntaron a Rockefeller cuánto era suficiente para él (siendo el hombre más rico del mundo), él miró al reportero y dijo: "Un poquito más".

El dinero nunca satisface. Debemos aprender a eliminar el síndrome de un poquito más y debemos decirle al Señor: "Señor: estos son nuestros sueños (colóquelos por escrito en un papel). Si

Tú los satisfaces y nos das más dinero del que necesitamos para vivir cómodamente y satisfacer esos sueños, nuestro estilo de vida de todos modos se detendrá en esta lista. Ese será el límite más alto en nuestro estilo de vida y cada centavo que entre más allá de este estilo de vida pre-fijado irá para engrandecer Tu Reino aquí en la tierra".

B. Eliminar Totalmente Nuestras Deudas

Debemos eliminar todas nuestras deudas. Proverbios 22:7 nos dice claramente que "el rico se enseñorea del pobre y el que toma prestado es siervo del que presta". La Palabra de Dios no dice que es pecado pedir prestado. Puede hacerlo. Pero hay ciertas reglas con respecto a este asunto. No es lo normal pedir prestado, según la Palabra de Dios. Lo normal debería ser confiar en el Señor para nuestra provisión. Recuerde que en el Antiguo Testamento las deudas no duraban más de 7 años. Había un cierto límite a corto plazo para pagar todas las deudas (Vea Deuteronomio 15).

Hoy día, en Estados Unidos y en muchos países latinoamericanos, existen préstamos con una extensión de 10 a 30 años, quedando uno bajo el yugo de la deuda casi toda la vida. Esto es terrible para una familia, ya que durante 30 años no sabe si la casa donde habita es suya o no. Usted me dirá: "Pero, Andrés, por favor, claro que es nuestra casa. La estamos pagando. Es nuestra". Siento decirle que no es así, y si lo quiere averiguar, sólo deje de pagar dos o tres veces la hipoteca y verá a quién pertenece realmente esa casa. Usted va a ir a parar a la calle y el verdadero dueño de la casa va a tomar el control y la va a vender por el resto de su deuda.

Aquello que tomó prestado no es suyo hasta que no pague el 100% de su valor. Debemos pagar las deudas tomando como prioridad aquéllas que son de mayor interés. Por ejemplo, en algunos países de Latinoamérica, las tarjetas de crédito cobran del 30% al 40% de interés anual. ¡Esos son porcentajes exorbitantes! No deberíamos estar pagando ese tipo de intereses, ya que esa cantidad que le estamos pagando al banco por deudas, podría estar siendo empleada de una manera mucho más apropiada en la vida de nuestros hijos o de la iglesia.

Recuerde que es mucho mejor que le paguen a uno intereses, a que uno sea el que los pague. Es un principio universal: "mejor es recibir que dar" intereses. Por eso, si quiere comprarse un televisor, lo mejor que puede hacer es abrir una cuenta de ahorro en el banco y comenzar a depositar el dinero allí. De esta manera, en lugar de estar pagándole a una persona o a un negocio el dinero más el interés, usted se va a estar pagando esa cantidad a sí mismo, va a poder comprar más barato (porque tiene efectivo al momento de la compra) y va a recibir los intereses que le va a dar el banco, que aunque sean de un 2%, es mejor que recibir nada ¡o aún pagárselos a alguien!. Mucha gente no se da cuenta de ese "detalle".

Si usted vive en un país con inflación, con una moneda que constantemente se devalúa, quizás pueda ahorrar en monedas de otros países (si no es en contra de la ley). En mi país hubo un tiempo en el que no era legal comprar dólares, por ejemplo. En ese caso, no le recomiendo que viole la ley de su país. Pero si usted puede libremente canjear su moneda en devaluación por una moneda más constante y sólida, ¡hágalo! Es un buen principio de mayordomía fiel el poder mantener el valor de los bienes que Jesucristo confía en nuestras manos.

Después de pagar las deudas de mayor interés pasamos a las de menor interés, por ejemplo, nuestra hipoteca. En Estados Unidos las hipotecas muchas veces van desde el 7% hasta el 15%, dependiendo de la situación económica. Debe poner todas sus deudas familiares en orden de mayor a menor interés e irlas pagando una por una. Por ejemplo, suponiendo que vive en Estados Unidos y compra una casa de 60.000 dólares a 30 años plazo, pagando un 10% de interés anual, para cuando haya terminado de pagar, sus pagos van a resultar siendo por 220.000 dólares y no los 60.000 que usted pidió originalmente.

Pero, si en lugar de pagar su cuota mensual durante 30 años, pusiera 100 dólares extras cada mes en su cuenta de banco para pre-pagar su hipoteca, se podría ahorrar un mínimo 18 años de pago (eso, por la forma en la que están estructurados los préstamos hippotecarios en EEUU). Entonces: podría pagar su casa en 12 años y, además, ahorrar aproximadamente ¡110.000 dólares!

Debemos tener dos cosas para lograr estos resultados:

1. Tener el deseo de hacerlo.

2. Tener la disciplina para hacerlo.

De esta manera, los periodos de dificultad económica le beneficiarán. Cuando un país pasa por momentos difíciles todo el mundo está en búsqueda de dinero. Pero si usted tiene capital en el bolsillo porque ahorró durante los momentos buenos de la vida, podrá hacer magníficas inversiones en negocios, comprar casas, acciones y autos a precios muy bajos, porque cuando hubo oportunidad fue lo suficientemente responsable e inteligente. Si no tiene deudas, no tendrá que pagar intereses y comenzará a ahorrar capitales.

Yo me acuerdo que en mi país cuando atravesamos por un período de hiper-inflación se tenían que pagar intereses increíbles. Sin embargo, el que estaba libre de deudas no tenía que pagar ninguno de estos intereses ¡Cuánta gente perdió sus autos o sus casas en esas épocas! En definitiva: recuerde que, cuando hablamos de intereses, mejor es recibir que dar.

Ejercicios de la Lección 7

Rolando y María vuelven a ponerse en contacto con usted después de varios meses de no haberlos visto. Obviamente las cosas no están funcionando muy bien económicamente. Antes, no les alcanzaba con 10,000 dólares al mes y ahora, con el nuevo sueldo de María Rosa, mucho menos.

Como consecuencia, están con unos 35,000 dólares de deudas en créditos personales y han llegado hasta el punto de "desvestir a un santo para vestir a otro" pidiendo prestado en un lugar, para pagar a otro acreedor. Deben también unos 120,000 dólares de su casa, 23,000 dólares de los automóviles que todavía están pagando a plazo y, por supuesto, los pagos mensuales como luz, gas, y la escuela de los niños están ya un par de meses atrasados.

Rolando está bastante nervioso porque no sabe cómo va a hacer para pagar el crucero a las Bahamas que se acaban de tomar para, justamente, tener tiempo de alejarse y descansar de los problemas financieros.

Luego de analizar su situación por algún tiempo, usted se da cuenta que si la pareja vendiese la casa que tienen, se quedaría con suficiente dinero como para pagar todas sus deudas, ponerse al día con sus pagos mensuales atrasados y hasta podrían quedarse con un poquito de dinero para comprar una casita mucho más humilde, pero dentro de sus posibilidades económicas actuales.

Sin embargo, cuando usted sugiere esta idea, María Rosa le mira a los ojos y le dice: "Pídame cualquier sacrificio, menos la casa. Este es nuestro hogar y el de nuestros hijos. Nosotros luchamos muchísimo por tener esta casa en este barrio y no estamos dispuestos a perderla para mudarnos a un barrio más barato, más sucio y más peligroso. Ahora estamos hablando de la seguridad de mi familia y no estoy dispuesta a poner a mis hijos en peligro".

Más allá de decidir si su sugerencia fue apropiada o no, concéntrese en la actitud de María Rosa...

1 ¿Qué le sugiere una respuesta como la que esta hermana le dio?

2 ¿Qué le dice con respecto a la actitud que la pareja tiene frente al dinero?

3 ¿Qué señales de peligro usted ve en el manejo económico de la pareja?

4 Si el problema financiero no es la "causa" del problema que ellos tienen, sino el "efecto" de un problema más serio, ¿cuál cree que sea el problema real?

5 Usted decide orar por ellos. Haga una lista de cosas por las cuales orar.

Secretitos para su bolsillo

Ideas Prácticas para Estirar el Salario

por Andrés G. Panasiuk

"Cuida los centavos, que los pesos se cuidan solos", dice con regularidad mi madre. Yo creo que este proverbio, justamente, es una de esas ideas provenientes del árbol de la sabiduría popular que, a pesar de no venir de grandes eruditos, tiene mucho de verdad.

Al darle una mirada a la mujer ideal de Proverbios 31 no podemos menos que admirar su espíritu de ahorro y su deseo de estirar al máximo sus recursos económicos (vea Proverbios 31:13 y 14). No es porque haya sido una mujer pobre (tanto ella como su esposo gozaban de cierta afluencia económica), sino porque la mueve el deseo de manejar bien los recursos que tiene disponibles.

Esa tendencia en el carácter es consistente con un estudio realizado en EEUU entre familias millonarias. La gran mayoría de los 1,115 millonarios en EEUU, de acuerdo al libro "The Millionaire Next Door" escrito por Thomas Stanley y William Danko, disfrutan de sus comodidades, pero odian el derroche. Son capaces de comprarle un tapado de visón a su esposa, pero les molesta que una lámpara quede encendida toda la noche y derroche energía eléctrica.

Estos millonarios viven siempre dentro de sus posibilidades económicas, usan el tiempo, esfuerzo y dinero de maneras que les beneficiará económicamente, creen que la independencia económica es mucho más importante que la demostración de status social, sus padres no les proveen de ayuda económica, sus hijos adultos son económicamente independientes, aprovechan las oportunidades del mercado y eligen las carreras apropiadas.

Aunque usted y yo no seamos millonarios, creo que, de todas maneras, podríamos beneficiarnos de un par de secretitos que podrían ayudarnos a ahorrar unos pesitos en el presupuesto familiar. Las ideas no son todas mías. Muchas han sido tomadas del libro "Creative Home Organizer", escrito por Emilie Barnes. Ojalá que pueda usar alguna de ellas y poner un par de pesitos más en sus ahorros, ya sea que los guarde en el banco o debajo del colchón.

Compras:

- Haga una lista de las cosas que va a comprar en el mercado y no se desvíe de ella.

- Coma antes de salir de compras. Le ayudará a concentrarse mejor y a no comprar comida extra.

- Compre las especias al por mayor. Le saldrán más baratas que las que vienen ensobradas.

Cocina:

- Para hacer huevos fritos que sean perfectamente redondos, en vez de comprar algún aparato especial, simplemente haga un agujero en una rodaja de pan lactal con un vaso boca abajo. Coloque el pan en la sartén, rompa el huevo y derrámelo en el hoyo.

- Si cocina legumbres, cocínelas enteras, con toda la piel. Serán mucho más nutritivas porque retendrán mejor las vitaminas y minerales. También será mucho más fácil de pelarlas.

Salud:

- Si quiere digerir apropiadamente, aprenda a comer en paz. Le ayudará a mantener tanto su cuerpo como su familia en un mejor estado de salud.

- También acostúmbrese a comer, por lo menos, una comida con toda la familia cada día. La Asociación de Nutricionistas de California dice que los niños tienen la tendencia de imitar los hábitos de los mayores aprendiendo a elegir alimentos más nutritivos y saludables cuando sus padres no se encuentren presentes.

- Coma tantas claras de huevo como quiera, pero evite comer las yemas. La yema de un solo huevo tiene toda la cantidad de colesterol que su cuerpo necesitará para el resto del día. Limítese a comer huevos y sus derivados solamente dos o tres veces por semana.

- La gente que, en vez de tomar un vaso de leche, toma bebidas cafeinadas como el café, el té y los refrescos "colas", puede tener el problema de no estar recibiendo la suficiente cantidad de calcio en su cuerpo, e incluso, puede estar perdiendo este importante componente de nuestros huesos. Se ha comprobado que una taza de café puede hacerle perder a través de la orina hasta seis miligramos de calcio más allá de la cantidad que su cuerpo pierde en forma natural.

Limpieza de la casa:

- Para limpiar efectivamente sus ventanas y espejos, luego de lavarlos, séquelos con un papel de diario en vez de usar toallas de papel o de tela.

- Para pulir cobre no compre químicos. Haga una mezcla de vinagre y sal, pula el cobre de su casa con ella. Disfrutará de cobre resplandeciente y de un par de pesos más en su bolsillo.

- Si tiene problemas con olor a cigarrillo en alguna habitación o en su lugar de trabajo, simplemente humedezca una toalla con vinagre y muévala por el área con problemas. También si pone vinagre dentro de platos hondos mantendrán la habitación desodorizada.

- Si quiere un limpiador multipropósito mezcle media taza de amoníaco y una taza de bicarbonato de sodio y divida la mezcla dentro de dos botellas de dos litros (o una de un galón, en EEUU). Agregue dos tazas de agua tibia, tape cada botella y agítelas. Finalmente, agregue 6 tazas más de agua en cada botella (12 en la de un galón). Use media taza de limpiador por cada balde de agua o úselo sin diluir para rociar sobre los muebles de la cocina o limpiar la cerámica.

- Para remover las manchas de humedad use una mezcla de una cucharada sopera de agua oxigenada en una botella de dos litros de agua.

Limpieza en la cocina:

- Cuando, luego de enjabonar sus platos usted use una tina o pileta llena de agua para enjuagarlos, agregue una taza de vinagre al agua para cortar cualquier residuo de grasa o jabón. Sus platos lucirán brillantes y se verán totalmente limpios.

- Si usted vive en una zona donde se le acumula calcio en el fondo de las teteras, pavas o contenedores de agua, mantenga una o dos bolitas de mármol o vidrio (como la que usan sus niños para jugar en la escuela) en el fondo de ellas. Con el uso, al moverse de un lugar a otro, no permitirán que los sedimentos tengan la posibilidad de aferrarse a las superficies.

- Si tiene cubiertos de plata y no quiere que se le oscurezcan, coloque en la caja donde los guarda un pedazo de tiza, como la que se usa para escribir en las pizarras de las escuelas.

Lavado de la ropa:

- Coloque en el lavadero de la casa tres canastos. Márquelos "blanca", "oscura" y "mezcla". Provea a cada miembro de su familia con una pequeña canasta o bolsa para colocar la ropa que quieren que sea lavada. Enseñe a su familia que cada día, antes de ir a dormir, deben vaciar sus canastas personales en las que están en el lavadero, de acuerdo al color de la ropa. Cuando el momento de lavar la ropa llega, usted se ahorra el trabajo de dividir la ropa y la tarea se hace mucho más rápida.

- En vez de comprar líquidos para el enjuague final de la ropa, agregue una cuarta taza de vinagre blanco al momento del enjuague en su lavadoras. Eliminará la estática de las telas, le dará un olor fresco a su ropa removiendo el jabón y mantendrá limpio el desagüe de la lavadora removiendo el jabón que siempre se pega a las tuberías.

- Para que el tiempo que invierte planchando la ropa de su familia pase mucho más rápido, acostúmbrese a orar individualmente y específicamente por el miembro de la familia al que pertenece la ropa que está planchando.

Lección 8

Aprendiendo a planear a largo plazo
(segunda parte)

En la lección anterior iniciamos el tema del planeamiento a largo plazo. Mencionamos algunos pasos que es necesario tomar como, por ejemplo, desarrollar un estilo de vida razonable y eliminar totalmente nuestras deudas. Ahora veamos lo tercero que debemos que considerar cuando hacemos un plan económico a largo plazo: la educación de nuestros hijos.

C. Establecer Metas Educacionales

En Proverbios 22:29 dice:

> *"¿Has visto hombre solícito en su trabajo? Delante de los reyes estará."*

No dice: "Delante de aquéllos de baja condición estará". Esto es cierto. En nuestros países latinoamericanos creemos que debemos educar a nuestros hijos, lo cual es bueno, pero no todo el mundo tiene que ser un doctor o un abogado. Debemos reconocer las aptitudes que tienen nuestros hijos y desarrollar el talento que Dios les ha dado. Cumplir el plan de Dios (y no el nuestro) en la vida de nuestros niños y, para ello, no siempre es necesario tener un título universitario.

Se cuenta la historia de un señor que era doctor. Un día escuchó gritar a su esposa en el baño: "¡Querido, llama al plomero porque se está desbordando el agua!". Entonces, el doctor tomó el teléfono y llamó al plomero. Este llegó, subió al baño y en tres minutos sacó un patito de plástico que estaba insertado en el inodoro. Bajó y le hizo una cuenta por 75 dólares al doctor. El doctor reaccionó inmediatamente: "Un momentito", le dijo, "yo soy doctor y nunca he ganado 75 dólares en tres minutos". El plomero replicó: "Cuando yo era doctor, ¡tampoco!".

Es cierto que en Estados Unidos la mano de obra se cobra carísimo y que no así en los países latinos. Sin embargo el principio es el mismo: no es necesario que uno tenga que ser doctor o abogado para mantener a su familia y para cumplir el plan de Dios en su vida.

La educación universitaria es muy cara. Entonces, si sus hijos van a ir a una universidad, quizás sería mejor que vayan primero a una universidad pequeña, cerca de su hogar, manejada por el gobierno, donde gaste menos dinero. Luego de un par de años puede transferir sus clases a una universidad más grande, si quiere, quizás a una universidad privada reconocida, donde pague más.

Planifique las metas educacionales para sus hijos, ya sea que éstos tengan una educación universitaria o una educación vocacional. La Palabra de Dios dice que nosotros debemos guiar a nuestros niños "en su camino" y aún cuando fueren viejos no se apartarán de él (Proverbios 22:6). La palabra "camino" está asociada, de acuerdo a algunos estudiosos del texto bíblico, a la personalidad del niño.

Nos está diciendo: fíjese qué tipo de personalidad tiene su hijo e instrúyelo de acuerdo a ella. En nuestro caso: anímale a seguir una carrera que encaje con su personalidad. Lo más importante es que él cumpla con la voluntad de Dios en su vida y que glorifique a Dios con cualquier cosa que vaya a hacer.

D. Preveer para la Jubilación

Proverbios 6:6-8 dice:

> *"Ve a la hormiga, oh perezoso, mira sus caminos y sé sabio; la cual no teniendo capitán, ni gobernador, ni señor, prepara en el verano su comida, y recoge en el tiempo de la siega su mantenimiento."*

Debemos prepararnos para el momento en el que tengamos la libertad de dejar el trabajo que estamos haciendo y podamos recibir un sustento económico para hacer otras cosas. No necesariamente lo debemos hacer a los 65 años. Ese concepto no es bíblico. Yo no he visto en la Palabra que diga que los trabajadores, deberían abandonar su trabajo a una cierta edad. Sólo he descubierto un pasaje que habla específicamente del traspaso de las funciones del templo de un sacerdote mayor a uno más joven y eso, creo, más que todo por lo pesado que era el trabajo de matar bueyes y ofrecer los holocaustos, más que el hecho de haber llegado a una determinada edad.

Conozco gente que se ha retirado a los 40- 45 años, y gente que ha planeado su retiro y lo ha hecho a los 50 años. Tengo familiares que tienen más de 80 años y continúan su vida productiva.

Debemos planear para el futuro, para el momento en que vayamos a dejar nuestro trabajo regular, tomando en cuenta que hay mucha gente que está viviendo cada vez más debido al continuo avance de la ciencia, la tecnología y la medicina. El Seguro Social y la jubilación que proveen nuestros países no siempre son suficientes. Eso ayuda, pero no es suficiente. Deberíamos tener un plan de retiro, para esto sería bueno que leyera algún libro que tenga que ver con la manera de planear para la jubilación.

Existe un estudio realizado en Harvard entre 1980 y 1990 con algunos alumnos graduados de la institución. De aquellos alumnos que se retiraron en 1980 y dejaron de trabajar, el estudio indicaba que para 1990 6 de cada 7 estaban muertos. De aquéllos que habían continuado trabajando, 6 de cada 7 estaban vivos.

Trabajar más allá de nuestra jubilación puede ser algo positivo. Nos da algo que hacer. Mantiene nuestra mente en funcionamiento. Nos hace sentir cómodos, útiles, como que estamos aportando algo a la sociedad en la que vivimos.

Muchas veces tratamos a nuestros ancianos jubilados como gente inútil, cuando en realidad no lo son. Tienen una gran cantidad de valiosísima experiencia que han acumulado a través de los años. Es importante ponerla a trabajar.

Entonces, no necesariamente uno debe detener toda la actividad a una determinada edad. Uno puede seguir con su carrera, cambiarla y estudiar otra cosa, hacer nuevos negocios, ayudar a los más jóvenes, salir de viajes, etc. Siempre es bueno vivir una vida activa, y sobre todo, vivirla glorificando el nombre del Señor.

E. Planear una Herencia

Usted dirá: "Andrés, no me hable de la muerte, por favor". Bueno, si usted no quiere, no le voy a hablar de la muerte, pero de todas maneras, algún día le va a llegar. Es un hecho. Usted entró en este mundo para quedarse hasta que el Señor le llame a Su presencia. La pregunta no debe ser "si" va a ocurrir, sino "cuándo". Por eso, debe planear cómo va a dejar sus finanzas luego de salir de este mundo.

En 2 Corintios 12:14 dice que no deben atesorar los hijos para los padres, sino los padres para los hijos. Es decir, que no son los hijos los que tienen que estar juntando dinero para los padres, sino que los padres son los que tienen que estar juntando dinero para pasarlo en herencia a sus hijos.

Sin embargo, el 80% de las personas en Estados Unidos mueren sin haber escrito un testamento. Tanto en los países latinoamericanos (que lo permitan) como en Estados Unidos es muy importante escribir un testamento, porque de esta manera usted decide adónde va a ir a parar todo su capital una vez que pase a la presencia del Señor. Si no escribe un testamento, el gobierno se hace cargo de esa decisión.

Antes de hacerlo, debe revisar las leyes de su propio país. Hay países que no le permiten escribir un testamento y hay otros que sí. Si el país le permite escribir uno, debe hacerlo.

Es interesante notar también que en norteamérica ¡el 90% de los abogados mueren sin un testamento! Eso es muy común, pero trae como consecuencia que cada año 2.500 millones de dólares vayan a parar al gobierno, debido a que nadie sabe a quien le corresponden. Usted debe estar seguro de que su familia está provista de un testamento o de un fideicomiso (que, en muchos casos es mejor que un testamento porque evita el juicio de sucesión, donde se gastan muchos de los recursos económicos de la herencia).

Aquí van algunos consejos con respecto a qué hacer para prepararnos como corresponde para el día en el que nos llegue el turno de dejar este mundo:

1. Debemos educar a nuestro cónyuge y a los herederos. En la mayoría de los casos, el problema viene con la falta de educación de la viuda con respecto a los manejos económicos familiares. Ella muchas veces no sabe cómo estamos manejando nuestros negocios y finanzas. Eso la llevará a tomar decisiones equivocadas y cometer errores una vez que el esposo no esté presente.

Debe sentarse con ella y decirle: "Querida, ¿qué vamos a hacer si el Señor me llama a su presencia en esta noche? ¿Cuáles van a ser tus pasos?"

2. Debemos decidir qué vamos a hacer con el dinero. Cuánto va a ir a la educación de los hijos, para el mantenimiento del cónyuge, para terminar de pagar la casa. Y en todo caso no estaría mal la idea de escribirle una carta donde le diga qué hacer en caso de que el Señor se lo lleve. Puede contactar a sus padres, o hacer una lista de la gente en la que puede confiar. Escriba los nombres, teléfonos y direcciones. ¿Cuántas viudas han caído en el desastre por haber confiado en gente sin escrúpulos que ha abusado de ellas? Usted no lo permita. Mantenga toda la información sobre sus finanzas e inversiones en un archivo específico. Téngalas a mano y mantenga informada a su pareja en cuanto a la cantidad de dinero que tiene en cada banco, función y situación de cada uno de sus negocios.

Luego, elija una cantidad suficiente de seguro para cubrir los pagos de todas las deudas y las necesidades básicas de su familia, su esposa e hijos (en el caso de que sean menores de edad).

Ya mencionamos que alrededor del 5% de sus entradas de dinero deberían ir para un seguro de vida. Si usted es joven necesita un seguro de vida que cubra mayor, porque los compromisos son mayores. Si es una persona de edad avanzada, que ya no tiene hijos que cuidar y que está sólo con su esposa, su seguro de vida debe ser menor. Hay material referente a este tema en las librerías cristianas cerca de su hogar. Búsquelo, entérese y edúquese.

II. DANDO COMO DIOS MANDA

Finalmente, quisiera tratar un tema que nos toca el bolsillo: entregar a Dios como Él nos manda hacerlo. Nosotros le damos a Dios de diversas maneras. Aquí hay algunos ejemplos:

A. El Diezmo

Es un tema un tanto difícil, ya que algunas personas dicen que sí deberíamos diezmar y otras que no. Por lo menos una porción de nuestras entradas debería ir para la Obra y el Trabajo del Señor.

La primera mención del diezmo se encuentra en Génesis 14:20 con el asunto de Melquisedec. Abraham de regreso de una guerra, se encontró con un sacerdote llamado Melquisedec (que parece ser un tipo del Señor Jesucristo, o la apariencia misma del Señor Jesucristo en el Antiguo Testamento), y le da el 10% de todo lo que habían recuperado y ganado en la batalla. Como puede ver, el diezmo no es un mandamiento ni una cuestión de la Ley, porque ésta viene mucho después, con Moisés. Aquí estamos con Abraham.

El diezmo es una forma de reconocer el señorío de Dios sobre nuestras vidas. Más adelante, en el capítulo 7 del libro de Hebreos, se explica esta situación. El autor de este libro explica que Abraham diezmó porque quería honrar a Melquisedec. Como vemos aquí, siempre el menor honra al mayor.

Nuestros diezmos honran el nombre de Dios. Debemos separar para El de nuestras primicias. Es recomendable hacerlo al principio de mes. Si lo deja para fin de mes, no va a encontrar nada en su chequera, ni en el banco, ni debajo del colchón para ofrendar. Debe sacar para César lo que es de César y para Dios lo que es de Dios al mismo tiempo: al comienzo de cada período de pago. Y al hacerlo, no cuente esa suma dentro de la cantidad de dinero que usted tiene para gastar cada mes.

En el libro de Malaquías 3:8-10 leemos acerca del diezmo. Dios le dice al pueblo de Israel:

"¿Robará el hombre a Dios? Pues vosotros me habéis robado. Y dijisteis: ¿En qué te hemos robado? En vuestros diezmos y ofrendas. Malditos sois con maldición, porque vosotros, la nación toda, me habéis robado Traed todos los diezmos al alfolí y haya alimento en mi casa; y probadme ahora en esto, dice Jehová de los ejércitos, si no os abriré las ventanas de los cielos, y derramaré sobre vosotros bendición hasta que sobreabunde."

Hay una promesa muy linda, pero viene acompañada de un pre-requisito: la obediencia. Dios les dice: "obedézcanme, hónrenme, ámenme, demuestren su compromiso conmigo y yo les bendeciré". La bendición de Dios llega a nuestras vidas cuando le obedecemos. Es necesario que aprendamos a comprometernos con Dios por un porcentaje específico de nuestras entradas de dinero y que cumplamos con ese compromiso fielmente.

Usted se preguntará cuánto es el diezmo. En el Antiguo Testamento, esa frase indicaba el 10% de las entradas de la cosecha de una familia. Es importante recordar, sin embargo, que el pueblo de Israel daba más del 10% de sus entradas anuales en diezmos (el 23.33% para ser exactos). Nuestro mínimo debería ser el 10, pero debemos evitar hacer de esto una cuestión legalista. Puede dar el 12%, hasta el 40%, o aún más... pero le sugiero que comience, si puede, con el 10.

B. Las Ofrendas

Dios nos manda que traigamos ofrendas delante de Él. Las ofrendas son aquellos regalos que nosotros traemos cuando hay alguna persona en necesidad. Santiago 2:15-16 nos dice:

"Y si un hermano o una hermana están desnudos, y tienen necesidad del mantenimiento de cada día, y alguno de vosotros les dice: Id en paz, calentaos y saciaos, pero no les dais las cosas que son necesarias para el cuerpo, ¿de qué aprovecha?"

El cristiano está llamado a ayudar a otros y a compartir lo que Dios le ha dado. Este compartir con otros es lo que llamamos las ofrendas. A veces mezclamos el concepto de los diezmos con el de las ofrendas. Con diezmos nos referimos a esa cantidad que hemos separado específicamente para Dios, habiendo hecho una promesa específica delante de El. Es una promesa para Él, un compromiso porcentual hecho con anticipación mensualmente. La ofrenda se refiere a aquellas cantidades destinadas a ayudar a nuestros hermanos en la fe que están pasando necesidad.

En el año 1983, en EEUU, se encuestó a 25.000 creyentes. Las preguntas que se les hicieron fueron las siguientes: ¿Si tuviese un accidente que le impidiese trabajar, confiaría en el gobierno, para que se haga cargo de sus necesidades y problemas financieros? El resultado fue un 97% afirmativo. La otra pregunta fue: ¿Si usted tuviera el mismo accidente que se mencionó, con exactamente las mismas consecuencias, confiaría en su Iglesia para que se hiciera cargo de sus necesidades financieras? El resultado afirmativo, en este caso, fue del 0,5%. ¡Ni siquiera el 1%!

Eso nos muestra la confianza que tienen los creyentes en que otros miembros del cuerpo de Cristo hagan lo que la Palabra nos enseña: cuidarnos los unos a los otros. Nosotros necesitamos cuidar de nuestros hermanos y hermanas. Es necesario que nuestras Iglesias tengan un fondo para ayudar a aquéllos que están en necesidad. Los creyentes debemos aportar más allá de nuestros diezmos, debemos aportar ofrendas para mantener ese fondo.

C. El Sacrificio

Se cuenta la historia de un señor muy rico que fue visitado por un hermano de la Iglesia para un proyecto especial. Este le dijo: "Vengo por el proyecto que tenemos en la Iglesia". El otro contestó: "Claro, yo también tengo que poner mi 'blanquita' ". Entonces el hermano de la iglesia replicó: "¿Su'blanquita'? ¿Usted se refiere a la historia de la viuda?". -"Claro, yo también tengo que poner mi pequeño óbolo". Entonces, el hermano de la iglesia le dijo: "¡Perfecto! Espero que usted ponga su blanquita, porque ¿se acuerda cuánto dio la viuda en el templo? Ella puso 2 blancas y eso era el 100% de sus posesiones. ¿Está dispuesto a poner una, que serían el 50% de sus posesiones?"

Nosotros, por nuestro trasfondo religioso-cultural tenemos el concepto de dar a Dios aquello que nos sobra: la limosna. Dios no nos pide limosnas: El nos lo pide todo.

La viuda tenía todas las excusas del mundo para no dar: era viuda -una "madre sola"-, era una destituida social, era pobre y no tenía más dinero para sustentarse ese día. Tenía todas las excusas del mundo para sentarse en la puerta del templo, extender su mano y pedir. Sin embargo, la viuda llegó al templo de Jerusalen, subió las escaleras, extendió su mano... ¡y dio!

¿Sabe por qué la viuda dio? Porque tenía de dónde dar: tenía carácter. El dar es un indicador externo de una condición espiritual interna. El que tiene carácter para dar, va a dar aunque no le quede nada en el bolsillo. El que no tiene el carácter de Cristo, aunque tenga millones en el banco ¡no va a largar un peso!

¿Estamos nosotros dispuestos a dar a Dios sacrificialmente? Una de dos: o tratamos a Dios como el Rey de reyes y Señor de señores, o lo tratamos como el perrito de la casa al cual le damos las sobras de la comida. Muchas veces, primero comemos nosotros, y de lo que nos sobra le damos a nuestra mascota. De la misma manera hacemos con Dios: primero nos alimentamos y nos saciamos nosotros mismos y después, de lo que nos sobra traemos a la casa de Dios.

El apóstol Pablo, en Filipenses dice: "Bien hiciste en participar conmigo de mis tribulaciones". Pablo estaba pasando por momentos muy difíciles y la Iglesia de Filipos lo apoyó. No tenían mucho dinero, pero con lo que tenían, lo apoyaron para el crecimiento del Reino de Dios. Debemos empezar a dar sin esperar recibir. Debemos empezar a enseñar en nuestras congregaciones, una vez más, que "dar es mejor que recibir".

Ejercicios de la Lección 8

Usted invita a su buen amigo Guillermo a predicar en su iglesia el domingo en la mañana. Este buen hermano en Cristo decide hablar sobre temas financieros y sus tres puntos son:

1. No debemos afanarnos por el día de mañana. Los que hacen un presupuesto no están confiando en la provisión de Dios.

2. Usted es un hijo del Rey y debe empezar a vivir como un príncipe. Gaste todo lo que tiene confiando en Dios.

3. Demande a Dios la promesa de bendecirle. Si usted da el diezmo, Dios se ha obligado a darle 10 veces más.

Usted se ha dado cuenta, ahora, que le tomará dos o tres semanas "arreglar" los principios bíblicos en la mente de los hermanos de la iglesia.

¿Cuáles son los comentarios, enseñanzas o sermones que usted presentará a la congregación para contrarrestar el daño que, sin malas intenciones, produjo su buen amigo?

De padres a hijos

Explorando el concepto bíblico de la herencia
por Andrés G. Panasiuk

"Cada vez que pienso en el concepto de la herencia me da un ataque de urticaria y me pica todo el cuerpo..." me dijo una mujer durante uno de mis viajes por el sur de Estados Unidos. Tanto a nivel personal como ministerial, las experiencias positivas que he escuchado con respecto al tema de la herencia las podría contar con los dedos de una mano.

Sin embargo, la Palabra de Dios nos dice: "... no deben atesorar los hijos para los padres, sino los padres para los hijos" (2 Corintios 12:14). (¡Un versículo que sus niños no necesitan aprender de memoria todavía!) El apóstol Pablo en su carta a Timoteo también deja bien claro que aquel que "no provee para los suyos, mayormente para los de su casa, ha negado la fe, y es peor que un incrédulo".

Así que, tengamos mucho o poco, tarde o temprano (y más vale "temprano" que "tarde"), usted y yo debemos sentarnos a pensar en cómo vamos a proveer para nuestra familia cuando el Señor nos llame a su presencia. Los latinoamericanos tenemos un miedo instintivo al tema de la muerte. Nuestros antepasados indígenas adoraban a los muertos, y nuestros antepasados hispanos y musulmanes tenían también ideas extrañas sobre la vida antes y después de la muerte. Por cultura vivimos el "hoy" y dejamos que "mañana traiga su propio afán". Sin embargo, la cultura y la tradición no son excusas lo suficientemente fuertes como para desligarnos de la responsabilidad de pasar a nuestra familia bendiciones y no dolores de cabeza el día que vayamos a estar con Jesucristo.Recuerdo la triste historia del cuerpo de un hombre que debió estar en el comedor de su casa cuatro días porque había muerto inesperadamente y ninguna empresa fúnebre quería enterrarlo sin que se pagara, por lo menos, el 50% de adelanto de los gastos. El hombre no tenía ningún tipo de seguro y la viuda no contaba con fondos para pagar los gastos. De modo que allí se quedó hasta que los hermanos de la iglesia lo supieron, juntaron el dinero y pagaron los gastos. ¿Una lástima? ¡No! ¡Una irresponsabilidad! Con el 0.03% de su salario ese hombre podría haber estado pagando un seguro de vida que hubiera provisto para todos los gastos fúnebres y algo más.

Usted y yo no sólo somos administradores de nuestra vida, también somos administradores delante de Dios de la vida de nuestro cónyuge y la de nuestros hijos. Ellos no son nuestros. Le pertenecen al Señor y el Señor nos los dio para que los cuidemos. No podemos ser irresponsables. Aquí van algunos consejos útiles a fin de preparar a su familia para el día de su partida:

Preparando a la esposa

Las estadísticas varían de país en país, pero en general muestran que los hombres tenemos muchas más probabilidades de preceder a nuestra esposa en el camino a la Patria Celestial. Prepare a su mujer y manténgala informada de todos sus negocios. En el Antiguo Testamento no había problemas de esa índole. La mujer de uno pasaba al hermano del difunto o al familiar más cercano. En nuestros días, la cosa no es tan fácil...

Pregúntese: si yo paso a la eternidad hoy, ¿cómo sobrevivirá mi esposa? ¿tiene una carrera, una profesión? ¿tenemos un negocio juntos, algunas inversiones? ¿tengo un seguro de vida que le pueda proveer de algún dinero? ¿cuánto necesitará cada mes para mantener nuestro nivel de vida? (es probable que alrededor del 75% de las entradas netas que la familia tiene hoy).

Luego escríbale una carta y colóquela en un sobre grande o portafolio junto con todos los papeles legales que ella necesitará cuando se halle sola. En la carta usted le puede decir:

- Que no tome decisiones económicas serias durante por lo menos un año;
- Que no tome decisiones basadas en su "instinto" o en sus emociones;
- Que busque el consejo de otros hermanos en la fe con los que usted ya ha hablado;
- Anímela en el Señor.

A continuación, hágale una lista de los papeles legales que usted ha guardado en el sobre o portafolio y explíquele, en detalle, qué debe hacer con cada uno. Escribir todo eso le puede resultar tedioso a usted ahora, pero cuando una mujer pasa por el shock emocional de haber perdido a su marido, necesita instrucciones claras y precisas, paso por paso. Más de una herencia se ha derrochado porque la esposa no ha sabido cómo manejar un negocio o cómo disolverlo para obtener las ganancias correspondientes.

Finalmente, haga una lista de todas las personas que ella debería contactar antes, durante y después del funeral. Coloque el nombre, la dirección, el teléfono y en qué se ha comprometido tal persona para ayudar a su familia. No nos cuesta nada hablar a un familiar o a un excelente amigo y dejar en sus manos un aspecto específico del período de transición que su familia tendrá que pasar al perderlo a usted, el padre. Por ejemplo, encargue a alguien los preparativos del funeral y el entierro; encargue a otra persona el proceso legal del seguro de vida; a otra el proceso del testamento; nombre a un buen amigo comerciante como asesor financiero familiar, etc.Un hombre que ama a su esposa debe estar comprometido a cuidarla y protegerla antes y después de su muerte. Dios nos ordena amarlas "como Cristo amó a la iglesia y se entregó a sí mismo por ella" (Efesios 5:25). Seamos responsables con el amor de nuestra vida.

Preparando a los hijos

Si en su país se permite hacer un testamento o algún tipo de formulario legal para evitar los impuestos y el trámite legal de la sucesión, ¡hágalo! En Estados Unidos, el 80% de las personas mueren sin un testamento, y embarcan a sus familias en un trámite legal interminable y costoso que incluye el famoso "impuesto a la muerte" que se le debe pagar al gobierno federal. Estos gastos podrían sumar ¡hasta el 40% de sus posesiones!

Cada año unos 2.500 millones de dólares van a parar a las arcas del gobierno norteamericano porque nadie sabe a quién pertenecen determinadas posesiones o cuentas bancarias. Y aunque parezca ridículo, ¡el 90% de los abogados tampoco tienen un testamento en el momento de su muerte!

De todas maneras, siempre le conviene investigar en su propia ciudad cómo establecer un fideicomiso (trust fund), o algún tipo de documento legal que le permita beneficiarse al máximo con la ley y le permita reducir notablemente los gastos de transferir sus bienes primero a su esposa y luego a sus herederos. Estos documentos a menudo también le permiten tomar decisiones con respecto a desconectar o no las máquinas respiratorias y el cuidado que deben proporcionar los médicos en caso de que usted quede en estado vegetativo.

Algunos creen que no tienen suficientes bienes como para preocuparse para dejar un testamento o establecer un fondo fiduciario. Pero si usted es dueño de su propia casa, ya tiene suficiente como para preocuparse por hacer algún documento legal.

En muchos países latinoamericanos no se permite a los padres hacer un testamento ni decidir cuánto dinero ni qué cosas les dejan a cada uno de sus hijos. La experiencia, en muchos casos, es que este sistema termina provocando riñas, luchas internas y tensiones familiares. Si lo desea, y a pesar de no ser un "documento legal", usted puede dejar por escrito cómo le gustaría que se manejara el asunto de la herencia. Pídale a sus herederos, luego, que honren su memoria concediéndole su última voluntad. Así se asegurará que el proceso del traspaso de bienes de padres a hijos en su familia se haga de una manera que glorifique el nombre del Señor.

Además, si sus niños son pequeños, recuerde hablar con algún familiar de confianza para que se haga cargo de ellos en caso de que mamá y papá fallezcan al mismo tiempo. De esa manera evitará que los niños anden como pelotas de tenis en la casa de los familiares hasta que se resuelva la tenencia y la patria potestad. Si en su testamento deja establecido cuáles son sus deseos, le ahorrará dolores de cabeza a todo el mundo.

Finalmente, mantenga a sus hijos informados (dentro de lo posible) de sus asuntos económicos. Ellos deberían saber dentro de qué colchón guarda sus ahorros (¡no vaya a ser que lo quemen cuando limpien la casa después del funeral!), a quiénes le debe dinero y quiénes le deben a usted. Su seguro de vida debería tener lo suficiente como para pagar todas las deudas y la educación de sus niños hasta los 18 años. El mismo sobre o portafolio que armó para su esposa, entonces, les podría servir también a ellos. Asegúrese de que sepan dónde está guardado.

El planear nuestra herencia y lo que pase después de nuestra muerte no es un tema inspirador, pero no todas las responsabilidades son inspiradoras. Algunas simplemente tienen la función de evitarnos un "ataque de urticaria".

Unidad 4

"Armando un presupuesto familiar"

Lección 9 Cómo armar un presupuesto familiar

Lección 10 Cómo armar un presupuesto familiar (2° parte)

Lección 9

Cómo armar un presupuesto familiar

En esta lección vamos a aprender a armar un presupuesto para su familia, para usted mismo, e incluso, podrá adaptar este material al plan del presupuesto de una Iglesia, negocio u organización sin fines del lucro. Para lograr nuestros objetivos, nos vamos a enfocar en dos áreas importantes. En la primera parte, nos dedicaremos a ver la parte filosófica, en la cual estaremos tratando el "por qué" es necesario armar un presupuesto familiar.

La segunda parte será muy práctica. Iremos punto por punto, armando juntos el presupuesto familiar. Cuando lleguemos a la parte de las categorías, entre una y otra, deténgase unos minutos para trabajar paso por paso.

I. ¿POR QUÉ TENEMOS QUE HABLAR DE UN PRESUPUESTO FAMILIAR?

A. Razones Para no Hacer un Presupuesto

1. "No tenemos que presupuestar". Alguna gente me dice "¿Por qué tenemos que armar un presupuesto familiar si no hay nada que presupuestar? ¡No tenemos dinero!". Yo le digo: "Cuanto menos tengamos, más control debemos tener sobre nuestras finanzas". Si hablamos de alguna estrella de fútbol, o de Hollywood, que ganan millones de millones todos los años, quizás ellos pueden darse el lujo de perder un millón por aquí o por allá. Pero si usted y yo perdemos 100 dólares o una mínima cantidad de pesos cada mes, es muy diferente: nuestros recursos son limitados y necesitamos controlar al máximo las salidas de dinero.

2. "No usamos un presupuesto en nuestra familia". Otra gente me dice que no maneja un presupuesto familiar. Pero, eso no puede ser cierto, porque si uno está vivo, tiene ropa y come todos los días, maneja, de alguna manera, un presupuesto. Puede que no lo tenga escrito. Puede que lo tenga solamente en su mente. Pero seguro que tiene un presupuesto.

Se lo voy a probar: supóngase que su esposa viene un día y le dice: "Querido, cómo me gustaría comprarme ese vestido rojo con pintitas verdes y anaranjadas que vi a la vuelta de casa". ¿Qué es lo primero que usted piensa? Usted inmediatamente (y de forma casi inconsciente) calcula: Cuánto está ganando y cuánto está gastando este mes; cuánto tiene que pagar de alquiler o de hipoteca, cuánto gasta regularmente de comida y transporte... Básicamente: cuánto tiene guardado y cuánto necesita para llegar a fin de mes. Al terminar este proceso de pensamiento puede decidir si comprar o no el vestido. Eso es manejar un presupuesto.

No está escrito en blanco y negro sobre un pedazo de papel, pero allí está, en su mente.

En esta lección vamos a tratar de colocar ese presupuesto que usted tiene en la cabeza sobre un pedazo de papel para hacer dos cosas: 1) para poder tomar el control de nuestras finanzas, ya sean familiares o personales, y 2) para ponernos de acuerdo con nuestro cónyuge (si lo tenemos) sobre cuánto y cómo vamos a gastar nuestras entradas de dinero. Usted se va a evitar muchas discusiones en casa si se logra poner de acuerdo en un presupuesto familiar.

Si no elaboramos un presupuesto puede presentarse el caso de que llega un día el esposo a la casa y dice: "Querida, estás gastando demasiado dinero en la comida". Entonces la esposa lo mira y le dice: "¿Cuánto es 'demasiado' en comida?". Si no nos hemos puesto de acuerdo en la cantidad de dinero que vamos a apartar cada mes para la comida, no tendremos un indicador que nos diga cuánto es mucho o poco en ese rubro.

Es necesario colocar todas estas ideas que tenemos en la cabeza sobre un pedazo de papel, y hacer un pacto familiar donde cada uno de los miembros de la familia acuerden en gastar mensual o semanalmente una determinada cantidad en comida, ropa, entretenimiento, etc.

Cuando nos casamos, mi esposa y yo teníamos alrededor de 5 dólares por semana para salir a pasear juntos. Íbamos a un restaurante, nos sentábamos y pedíamos dos tazas de té. Era lo único que teníamos para gastar en nosotros mismos. Pero lo hacíamos porque es importante que tengamos una cierta cantidad de dinero para gastar en hacer cosas diferentes con nuestra familia, aunque estemos ganando muy poco.

El problema está en que tanto el área del dinero para gastar en nosotros mismos como el de las misceláneas es como un agujero negro en el espacio, que se come todo lo que usted ponga allí, a menos que se le ponga un límite. Si no tiene cuidado, ¡allí se le puede ir todo el dinero en efectivo de su salario disponible!

3. "No es bíblico afanarse por el día de mañana ". Por otro lado, mucha gente me dice: "Yo escuché por allí que la Biblia dice que no debemos afanarnos por el día de mañana, porque cada día trae su propio afán". Tiene mucha razón. La Biblia dice "no os afanéis por el día de mañana" (Mateo 6:25-34). Yo estoy de acuerdo con eso, pero hay una gran diferencia entre "afanarnos por el día de mañana" y "planear para el día de mañana". Afanarnos quiere decir que estemos ansiosos, preocupados, desesperados, que queramos tomar el control del futuro. Pero la Biblia también nos enseña a planear para el día de mañana, para no estar ansiosos,

preocuparnos y afanarnos. Nuevamente aclaro: planear como un fiel administrador lo debe hacer y afanarse por el futuro son dos cosas totalmente diferentes.

El rey Salomón era uno de los hombres más sabios y ricos de toda la tierra. Él nos escribe en el libro de Proverbios 27:23-24:

> *"Sé diligente en conocer el estado de tus ovejas, y mira con cuidado por tus rebaños; porque las riquezas no duran para siempre."*

En aquella época no había estados de cuenta. Pero, sí había ovejas y rebaños. Entonces, el sabio Salomón dice: "Sé diligente, preocúpate en conocer el estado ("contable") de tus ovejas". En otras palabras: asegúrate de saber cómo andas económicamente. Luego dice: "y mira con cuidado por tus rebaños". Los rebaños eran la inversión de la persona rica de esa época. Las ovejas se multiplicaban, y de esta manera crecía la riqueza de la gente. Salomón está diciendo: "Asegúrate de saber cómo andas económicamente y cuida por tus inversiones, porque las riquezas no duran para siempre".

Hace algún tiempo atrás recibí una llamada en mi oficina desde un país sudamericano. Era una persona relacionada con el gobierno, y me dijo: "Tú crees que Conceptos Financieros Cristianos podría darle una mano al Departamento de Lotería de nuestra ciudad". Yo le dije: "Eso me suena raro porque tú sabes que nosotros no aprobamos la compra de billetes de lotería, ni jugarla; en sí, no apoyamos ningún tipo de juego de azar, pero ¿en qué le podemos servir?". -"La ciudad está seriamente preocupada por esa gente que está ganando la lotería. Ganan millones de dólares y 2, 3 ó 4 años más tarde están en la quiebra, con las vidas destrozadas, muchas familias rotas por el divorcio, las peleas y los juicios. En vez de ser una bendición para esa gente, es como una maldición".

Nosotros, finalmente, no les pudimos ayudar. Pero me quedó en la mente la idea de que el sabio Salomón tenía mucha razón: las riquezas no duran para siempre. A menos que las manejemos con sabiduría divina, se nos van a ir de las manos (sean pocas o sean muchas).

Usted seguramente se acordará de la famosa historia del "hijo pródigo" que se llevó la mitad de la herencia de su padre. En un principio, tenía dinero para gastar, pero como no trabajaba y seguramente nunca había aprendido a trabajar, no sabía cómo manejar el dinero, y al poco tiempo, ese dinero se disipó y desapareció de sus manos. Como ya sabemos, terminó comiendo la comida de los cerdos.

Las riquezas no duran para siempre, aunque usted esté pasando por un momento económico bueno o mediano, tiene que saber que si no toma el control de esas riquezas, ya sean muchas o pocas, no le van a durar por mucho tiempo. Es importante comenzar a controlarlas ya mismo.

B. Cómo Poner en Orden sus Finanzas

1. Tome un día entero para discutir estos asuntos con su cónyuge. Si usted está solo/a, discuta estos asuntos económicos con alguien de confianza, ya sea con sus padres o una persona mayor.

2. Mire sus gastos en los últimos 12 meses. En varios países de Latinoamérica es común que la gente tenga libretas de cheques. La chequera es un buen lugar al cual acudir cuando se trata de calcular cuánto se está gastando cada mes y en qué. Si vive en un país con inflación, quizás bastará mirar a sus gastos en el último par de meses.

3. Guarde los recibos de todos sus gastos del próximo mes. Es bueno que tenga sus recibos a la mano. Si no tiene mucha información sobre la forma en que está gastando su dinero, aquí va un buen consejo: establezca un determinado día en el que se va a sentar con su cónyuge para discutir sobre asuntos financieros y de aquí a un mes. Durante los próximos 30 días tome una cajita cualquiera (puede ser una de zapatos), y colóquela en la cocina de su casa. Cada vez que haga alguna compra, pídale un recibo a la persona que le está vendiendo, después lleve el recibo a su casa y colóquelo dentro de la cajita.

Si en su país o en el área donde usted vive no se acostumbra dar recibo, simplemente llévese unos papelitos y cuando haga una compra escriba qué fue y cuánto costó. Por decir, comida (100 pesos) o zapatos (50 pesos), y colóquelo dentro de la cajita. En la reunión que tendrá con su cónyuge o persona de confianza el mes que viene, saque los papeles de la caja, divídalos por categorías (las que están en el presupuesto sugerido que mostraré más adelante), y entonces tendrá una idea más clara de dónde están parados económicamente. Vamos a trabajar juntos en eso.

4. Mire las entradas y salidas. Especialmente en Estados Unidos la gente gasta bastante dinero en comidas afuera de casa y en entretenimiento. Muchas veces las personas no se dan cuenta de la cantidad de dinero que están gastando en esas áreas. Usted va a necesitar una libreta donde colocar la razón, categoría y cantidad de dinero cada vez que gaste. Al mes de observar la forma en la que gasta, va a tener una idea más concreta de "cómo" está desembolsando su dinero.

Le recomiendo que haga ese ejercicio durante dos o tres meses seguidos. Le tomará aproximadamente de 4 a 6 meses tener un buen presupuesto familiar bajo control. Tenga paciencia. Esto es un proceso, igual que el bajar de peso. La idea no es bajar de peso en una semana o en un mes (la mayoría de las veces volvemos a ganarlo en pocas semanas). Lo importante es cambiar la forma en la que comemos por el resto de nuestra vida, así podemos perder los kilos extra que tenemos y nunca volverlos a recuperar.

El secreto no está en ahorrarse algo de dinero este mes y el que viene. El secreto está en aprender a ser fieles administradores, que controlemos la forma en la que gastamos y tomamos decisiones económicas por el resto de nuestra vida. Allí se encuentra el éxito económico: es una carrera de 5.000 metros con obstáculos y no una de 100 metros llanos. Aquí, como dice el refrán: "El que ríe al último, ríe mejor".

5. Compare sus gastos con sus entradas. En este punto tal vez se dará cuenta si gasta más de lo que está ganando. Recuerde que el secreto para el manejo de las finanzas familiares no está en la cantidad que ganamos, sino en la cantidad que gastamos. Recuerde que el hombre es un "animal de costumbre" y puede acostumbrarse a vivir con 200, 500, ó1000 dólares por mes.

Hay gente que me ha dicho: "Nosotros gastamos 10.000 dólares por mes y no nos alcanza". Hay una ley "casi" natural en el manejo de las finanzas: nuestro nivel de gastos invariablemente se incrementa en una relación directamente proporcional a nuestras entradas. Básicamente: cuanto más ganamos, más gastamos. Aunque nos hayamos prometido que íbamos a ahorrar el aumento de sueldo que nos proporcionó nuestro jefe hace tres meses atrás.

6. Compare su presupuesto con un presupuesto sugerido. Nosotros le proporcionamos en las lecciones anteriores un presupuesto sugerido por Conceptos Financieros para una familia tipo en EEUU. En cada país hay un presupuesto sugerido por el gobierno. Generalmente es el Departamento de Hacienda el que presenta y define cuánto debería estar gastando una familia tipo en la canasta familiar básica.

7. Establezca un presupuesto familiar personalizado. Debe comparar su presupuesto con el presupuesto sugerido y luego establecer un presupuesto familiar personalizado. Es muy importante que el presupuesto de su familia sea el de su familia y no el de otra. Lo importante es que tenga un presupuesto que esté ajustado a los gastos de su propia familia, y sobre todo que equivalga al 100% de su salario y no al 110,120 ó130%.

Hoy, en Estados Unidos, la familia tipo está gastando el 110% de sus entradas de dinero, es decir 1 dólar con 10 centavos por cada dólar que ganan. Como es de suponerse, esto está trayendo algunos problemas bastante serios a las familias norteamericanas.

II. ARMANDO EL PRESUPUESTO FAMILIAR

Lo primero que tenemos que hacer cuando armamos un presupuesto familiar es dividirlo en dos áreas: ingresos y egresos. Vamos a empezar tomando nota de nuestros ingresos.

A. Ingresos

¿Cuánto está entrando a nuestra casa? Vamos a ver cuánto está ingresando a su hogar. "Conceptos Financieros Cristianos" tiene un presupuesto modelo que hemos desarrollado. Tome una hoja de papel, escriba la palabra "Ingresos" y anote toda la información que se pide a continuación. O bien, puede llenar las casillas en la planilla de ingresos que le estamos proporcionando (ver página 131).

1. ¿Cuánto dinero trae a casa el esposo? Vamos a escribir la cantidad sin tomar en cuenta aquella porción que corresponde al César. Es decir, la de los impuestos. Si usted trabaja por cuenta propia, va a tener que deducir los impuestos que debe pagar con cada entrada de dinero. Por ejemplo, si usted vende cosas en la calle y lleva regularmente 3.000 pesos a casa, sabiendo que a fin de año debe pagar el 30% de ese dinero al gobierno, coloque solamente 2.000 en el casillero, porque 1.000 le corresponderán al César.

2. ¿Cuánto trae la esposa? Si es que ella trabaja fuera del hogar o realiza labores por las que recibe pago.

3. ¿Cuánto ganamos con nuestro propio negocio? Muchas familias latinoamericanas, a pesar de que tienen un trabajo regular de 40 ó 45 horas por semana, también tienen un pequeño negocio familiar. Si tiene esa entrada extra, ¿a cuánto equivale cada mes?

4. ¿Cuánto estamos recibiendo de alquiler? Muchas familias compran una casa y alquilan una parte de ella, ¿cuánto está ganando en ese alquiler?

5. ¿Cuánto está recibiendo de intereses en el banco? Quizás usted tiene un depósito en el banco y está recibiendo una cantidad importante de allí.

6. ¿Hay alguna otra entrada de dinero en forma regular todos los meses? En Estados Unidos las familias reciben un retorno de impuestos por parte del gobierno una vez al año. A veces algunos de nosotros tenemos que pagar más al gobierno y algunos recibimos dinero de vuelta del gobierno por los impuestos que hemos pagado. Si usted recibe una cantidad importante de dinero por parte del gobierno o de algún otro recurso una vez al año le recomiendo que tome ese dinero y lo divida por 12, de esta manera sabrá cuánto dinero de esa cantidad que le cae de golpe

puede gastar mes tras mes. Luego sume todas estas cantidades. Una vez que lo haya hecho, réstele el diezmo, la cantidad que usted dispone para actos de caridad y la cantidad que dará a la Iglesia. Dijo el Señor Jesús: "Dad al César lo que es del César y a Dios lo que es de Dios".

Una vez realizada esta resta, lo que le queda es lo que nosotros llamamos el "Ingreso Neto Disponible" (I.N.D.). Algunas personas me preguntan: "¿Debo dar a Dios del neto o del bruto?" Alguien dijo por allí: "¡Nunca des del neto, bruto!" -sólo un chiste... pero aprenda a dar a Dios del mismo lugar del cual le da a César. Ahora vamos a trabajar con ese ingreso neto disponible. Esta es la cantidad que tiene para gastar cada mes. Mucha gente, en especial, la gente latinoamericana que vive en Estados Unidos, dice: "Andrés, yo gano 20.000 ó 30.000 al año". Eso no es muy cierto, porque en realidad, si gana 30.000 al año, lo que lleva a su casa y tiene para gastar es 20,22 ó 24 mil, no 30. Porque a César hay que darle lo que es de César (del 15 al 30%) y a Dios lo que es de Dios (10%). El problema es que empezamos a gastar como si tuviéramos 30.000.

En la siguiente lección vamos a colocar la hoja de ingresos aparte y vamos a empezar a trabajar para ver en qué se nos van los egresos. Dividiremos nuestros gastos en 12 ó 13 categorías. Entre ellas estarán: la transportación, la casa, la comida, la cuenta de ahorro, las deudas, la recreación, la vestimenta, la salud, los seguros, y por supuesto, los famosos "gastos varios" que, como he mencionado, son como un barril sin fondo.

Entonces, para resumir:

- Debemos aprender a planear porque no somos millonarios. Los millonarios se pueden dar el gusto de gastar y de perder millones por aquí y por allá, pero usted y yo no podemos hacer eso.

- Ya tenemos un presupuesto armado en la cabeza, lo que estamos haciendo ahora es ponerlo en un pedazo de papel.

- La Biblia nos dice que no tenemos que afanarnos por el día de mañana. Por eso, nosotros vamos a aprender a planear para no llegar a afanarnos. Vamos a tomar un día entero con nuestro cónyuge para hablar de este asunto económico.

- Vamos a guardar los recibos que recibamos durante este próximo mes en una cajita de zapatos para poder tener una idea más concreta de cuánto gastamos, especialmente en el área de las misceláneas.

- Vamos a colocar en una hoja de papel cuánto son, realmente, los ingresos que tenemos disponibles para gastar cada mes en el hogar.

Ejercicios de la lección 9

Primera Tarea:

Roberto y María del Carmen vuelven a encontrarse con usted después de un año de casados. Roberto se queja que no ha podido mantener un presupuesto familiar porque María del Carmen se gasta todo el dinero a principios de cada mes. Ella dice que en la casa hay importantes necesidades que satisfacer y que él es el derrochón. Usted les explica que en la vida hay necesidades, deseos y anhelos. Luego, les pide que le hagan una lista de las necesidades que tienen en su hogar para ayudarles a discernir entre ellas.

A continuación hay una copia de la lista que han hecho Roberto y María del Carmen. Marque con una "N" aquellas cosas que usted consideraría que son una necesidad; con una "D" aquellas que son un deseo y con una "A" las que son anhelos, gustos o caprichos.

___ Estudios Secundarios	___ Agua	___ Sopa
___ Corbatas de Moda	___ Radio	___ Comida
___ Auto de lujo	___ Televisión	___ Camisa
___ Tapado de piel (abrigo)	___ Peliquería	___ Dormir
___ Bote de velas	___ Automovil	___ Escuela privada
___ Salmón Asado	___ Zapatos	___ Comprar casa
___ Cama de agua	___ Jugar golf	___ Videocasetera
___ Jugo de naranja	___ Universidad	___ Ropa interior
___ Horno microondas	___ Lavavajillas	___ Piscina
___ Crucero por el Caribe	___ Platos vasos	___ Medias de moda
___ Practicar deportes	___ Computadora	___ Vajilla plata
___ Regalos de Navidad	___ Cafe	___ Casa de Verano

Segunda Tarea:

Comience a preparar un presupuesto ideal para su propia familia. Puede comenzar comparando sus gastos actuales (del trabajo práctico que realizó en la clase 6) con los porcentajes sugeridos en el libro, o simplemente ajuste sus gastos a un nivel en el que se sienta cómodo y en el que esté proveyendo algo de dinero para cada categoría necesaria en su vida familiar (por poco que sea).

- **Planilla de Ingresos y Gastos Mensuales**

  A. Ingresos

¿Cuánto trae a casa el esposo?	$ _____	Anote la cantidad de dinero que realmente trae al hogar, después de que le dedujeron los impuestos gubernamentales.
¿Cuánto trae a casa la esposa?	$ _____	Lo mismo que el punto anterior.
¿Cuánto ganan con su negaocio propio?	$ _____	Cantidad de dinero en promedio mensual que se trae al hogar. No se olvide de deducir los impuestos correspondientes antes de colocar la cantidad.
¿Cuánto reciben de alguiler?	$ _____	Si no está alquilando nada a nadie, deje la casilla en blanco.
¿Cuánto reciben en interés del banco?	$ _____	Si la cantidad es apreciable y suficiente como para hacer un impacto en el presupuesto mensual.
¿Hay alguna otra entrada de dinero?	$ _____	Si es esporádica, trate de establecer un promedio mensual. Si le devolverán de sus impuestos, divida esa cantidad que espera por 12.
SUME TODAS LAS CANTIDADES	$ _____	Estas son las entradas de dinero después de haberle dado a "César lo que es de César" Mateo 22:21
Réstele a la cantidad anterior su diezmo.	$ _____	Ahora es importante "darle a Dios lo que es de Dios." Malaquías 3:8
Este es su INGRESO NETO DISPONIBLE (I.N.D.)	$ _____	Esta es la cantidad de dinero con la que usted tiene que aprender a vivir.

B. Egresos

Automóviles/ Transporte		
Gasolina	$ _____	*I Timoteo 5:8*
Aceite	$ _____	
Impuestos	$ _____	*Coloque aquí el promedio mensual de todos los gastos de transportación que tenga. No tiene que ser "perfecto", haga una aproximación.*
Seguros	$ _____	
Reparaciones	$ _____	
Mantenimiento	$ _____	*Sus cálculos mejorarán con el paso del tiempo.*
Pagos	$ _____	
Transporte público	$ _____	*Incluya los boletos de tren y autobús. Si tiene más de un auto, sume los gastos de los dos colóquelos juntos.*
Otros gastos	$ _____	
	$ _____	
	$ _____	
	$ _____	
SUME TODO	$ _____	*Este es el total de gastos de transportación que usted tiene.*

Casa		
Alquiler	$ _____	
Hipoteca	$ _____	Coloque aquí todos los gastos de su vivienda. Si los impuestos y el seguro vienen incluídos en el pago de la hipoteca, escriba el pago mensual total que usted hace y deje en blanco los otros renglones.
Seguros	$ _____	
Luz	$ _____	
Gas	$ _____	
Teléfono	$ _____	
Agua	$ _____	
Mantenimiento	$ _____	
Cable	$ _____	
Proyectos	$ _____	
Otros	$ _____	
	$ _____	
SUME TODO	$ _____	Este es el total de gastos de vivienda que usted tiene.

Comida	$ _____	Escriba el pago promedio o el pago mínimo que está realizando mensualmente para saldar todas sus deudas. Salmo 37:21
Cuenta de ahorro	$ _____	
Deudas		
Tarjetas $ _____		
Préstamos $ _____		
Fiado $ _____		
SUME TODO	$ _____	Este es el total de gastos de deudas que usted tiene.

Gastos de banco	$ _____	*Coloque aquí los gastos asociados con el mantenimeitno de su cuenta bancaria*
Recreación	$ _____	*Incluya salidas de paseo, comidas en restaurantes y vacaciones anuales de la familia.*
Ropa	$ _____	

Salud

Médico	$ _____	
Dentista	$ _____	*Todos los gastos asociados con el manteniemiento de la salud: seguro de salud, gastos médicos, tratamientos especiales, medicinas y dentista.*
Medicina	$ _____	
Seguro	$ _____	
Otros	$ _____	
	$ _____	
	$ _____	*Este es el total de gastos de salud que usted tiene.*
SUME TODO	$ _____	

Seguros

De vida	$ _____	*Todos los seguros excepto de la casa, del auto y de salud.*
Otros	$ _____	
	$ _____	
	$ _____	
SUME TODO	$ _____	*Este es el total de gastos de seguro que usted tiene.*

Gastos Varios

Diarios	$ _____
Revistas	$ _____
Suscripciones	$ _____
Cosméticos	$ _____
Peluquería	$ _____
Lavandería	$ _____
Tintorería	$ _____
Almuerzo	$ _____
Cuotas clubes	$ _____
Cumpleños	$ _____
Aniversarios	$ _____
Navidad	$ _____
Ayuda padres	$ _____
Ayuda familia	$ _____
Envios exterior	$ _____
Otros	$ _____
	$ _____
	$ _____
SUME TODO	$ _____

Este es el total de gastos varios, o gastos misceláneos que usted tiene.

Educación	$ _____	
Cuidado niños	$ _____	
		Aquí tiene un par de espacios para categorías especiales.
SUME TODOS LOS TOTALES GENERALES	$ _____	*Estos son todos los gastos que usted tiene.*

C. Balance Presupuestario

Ahora compare su Ingreso Neto Disponible con el total de sus gastos. Deduzca sus gastos de su I.N.D.

I.N.D	$ _____	*Réstele al Ingreso Neto Disponible, el total de los gastos que usted tiene*
GASTOS	$ _____	*Haga una resta.*
Total I.N.D. menos Gastos	$ _____	*Si este número es positivo, usted puede elegir entre hacer o no, pequeños cambios solamente en la forma en la que está administrando sus finanzas.* *Si el número es negativo, deberá tomar serias decisiones que le permitan vivir una vida económica dentro de sus posibilidades financieras actuales.*

Considere ahora qué hacer con el "excedente " (2 Corintios 8:14) ¿Hay alguna persona, familia o ministerio que el Señor está colocando en su corazón ayudar? ¿Hay alguna posesión o cantidad de dinero que El quiere que usted transfiera "de su abundancia" a alguna otra parte de Su Reino?

La Juventud y el Dinero

Explorando el conceptos bíblicos financieros
para enseñar a nuestros jóvenes
por Andrés G. Panasiuk

En 1994 la hermana de Marcela murió en un accidente automovilístico. La joven era una madre soltera adolescente. Murió junto a su hijito de diez meses.

En 1995 Marcela, que ya había cumplido dieciocho años, recibió unos quince mil dólares como resultado de un arreglo especial en el juicio a la compañía del camión que destrozó el auto de su hermana. Con ese dinero Marcela se compró un auto importado "cero kilómetros ". En menos de dos años, Marcela nuevamente fue a ver al vendedor de autos y cambió su vehículo usado por otro importado nuevo. Ahora Marcela tiene un auto deportivo rojo, importado e impecable, y una deuda de cuatro mil dólares.

¿Qué es lo que suena "raro" en esta historia verídica que acaba de leer? Dejando las consideraciones emocionales a un lado y en manos de buenos consejeros familiares, lo más obvio es que Marcela desperdició el dinero que recibió como resultado del juicio por la muerte de su hermana. Si esta joven hubiera reconocido el principio de que nada nos pertenece, sino que todo lo que tenemos nos lo ha dado Dios, y nuestra tarea es la administración de esos recursos, quizás igualmente hubiera hecho alguna otra tontería, ¡pero no hubiera derrochado diecinueve mil dólares en el proceso!

Cuando padres, directores o maestros de escuela nos invitan a hablar con los jóvenes, nuestra enseñanza se concentra en, por lo menos, dos principios importantes para sus vidas:

1. Reconocer que Dios es dueño y nosotros somos sus administradores

Normalmente les pregunto a los jóvenes qué harían si una tía rica les regalara quinientos dólares para su cumpleaños, y escribo lo que me digan a la izquierda de la pizarra. Las respuestas varían desde "comprar ropa, ropa, ropa..." hasta "invertirlos en un negocio para hacer más dinero", pasando por "comprarles algo a mis padres", "hacer una fiesta para mis amigos", "dar el diezmo a la iglesia", y cosas similares.

Luego les pregunto si de pronto, esta noche mientras están durmiendo, su cuarto se iluminara con una luz resplandeciente y el ángel Gabriel se les apareciera y dijera: "Dios me ha enviado a confiar en tus manos estos quinientos dólares. Tu misión es gastarlos, invirtiéndolos de la manera en que Él mismo lo haría si viniera personalmente".

Esta vez escribo lo que me dictan en la parte derecha del pizarrón. Las respuestas ahora son "buscar a algún misionero que necesite ayuda económica", "comenzar un ministerio", "ver si hay algo que se deba arreglar en el templo", "invertir parte del dinero para que no se acaben los fondos disponibles..." Entonces, escribo sobre la lista de la izquierda la palabra "dueños", y sobre la lista de la derecha, la palabra "administradores".

Esa es la diferencia entre creernos dueños de lo que nos hemos ganado con el sudor de nuestra frente, y ser "administradores" de las posesiones, los dones, las relaciones y el tiempo de vida que Dios confía en nuestras manos. La Biblia afirma claramente: "De Jehová es la tierra y su plenitud; el mundo y los que en él habitan" (Salmo 24:1). Creernos dueños de lo que tenemos es seguirle el juego al materialismo y usurpar el trono que le corresponde a Dios en nuestra vida.

2. Aprender a discernir entre necesidades, deseos y caprichos

Necesidades: Todos tenemos necesidades básicas, y Dios creó nuestra mente y nuestro cuerpo para que ansiemos satisfacer esas necesidades. Por otro lado, la misión de las oficinas de mercadeo en los medios de comunicación social es, justamente, usar la ansiedad que sentimos por satisfacer necesidades para vendernos cualquier cosa. Por eso hemos aprendido a decir "necesito una computadora", "necesito otra radio", "necesito una cacerola más grande" o "necesito un televisor a color" cuando, en realidad, lo que queremos decir es que nos gustaria una computadora, otra radio o una cacerola más grande... pero no las necesitamos. No son parte de nuestras necesidades básicas para sobrevivir (alimento, vestimenta, salud, un techo que nos cubra, etc.). El apóstol Pablo le dice al joven Timoteo, su amado hijo espiritual: "Así que, teniendo sustento y abrigo, estemos contentos con esto" (1 Timoteo 6:8).

Deseos: Cuando lo que queremos comprar está dentro de la categoría de necesidad básica pero es de mejor calidad, estamos hablando de deseos. Por ejemplo, todos necesitamos comer y vivir bajo un techo, pero un plato de arroz no cuesta lo mismo que un bistec, y un departamento de dos cuartos no cuesta lo mismo que una casa de siete habitaciones con vista al mar. Debemos proveer para nuestros deseos siempre y cuando contemos con el dinero suficiente en nuestro presupuesto. Recordemos que el apóstol Pedro nos enseña que nuestro "atavío no sea el externo de peinados ostentosos, de adornos de oro o de vestidos lujosos, sino el interno, el del corazón, en el incorruptible ornato de un espíritu afable y apacible, que es de grande estima delante de Dios" (1 Pedro 3:3-4).

Caprichos: Por último, todo lo que no sea una necesidad básica o un deseo, es simplemente un "gusto" o un "capricho". No está mal tenerlos. Todos nos damos un gusto de vez en cuando. Sin embargo, no deberíamos satisfacer un capricho hasta tanto nuestras necesidades estén apropiadamente satisfechas y tengamos el presupuesto necesario como para hacerlo. El pueblo de Dios sería mucho más grande si, como administradores de los bienes divinos, invirtiéramos menos en nuestros caprichos y más en las necesidades misioneras locales y foráneas. El apóstol Juan nos advierte: "No améis al mundo, ni las cosas que están en el mundo... todo lo que hay en el mundo, los deseos de la carne, los deseos de los ojos, y la vanagloria de la vida, no proviene del Padre, sino del mundo." (1 Juan 3:15,16)

No sólo los adolescentes necesitan aprender estos principios. A veces creo que a nosotros, los mayores, no nos vendría mal darles una miradita de vez en cuando.

Lección 10

Cómo armar un presupuesto familiar (segunda parte)

En esta lección concluiremos nuestro estudio sobre cómo armar un presupuesto familiar. Hemos visto en la primera parte algunas cuestiones filosóficas sobre la manera de armar un presupuesto y el por qué de su importancia. Vimos, también, cómo calcular los ingresos familiares o personales: del salario total, restarle lo que le corresponde a Dios y al gobierno para obtener el Ingreso Neto Disponible.

Ahora vamos a estudiar la parte de los gastos. Quiero que tome su papel y lápiz, y juntos vamos a dividir los gastos del hogar. Recuerde que habíamos mencionado que se iba a designar más adelante un día entero para mirar los gastos de su hogar en más detalle. También que se necesitaba una cajita donde ir colocando durante un mes más o menos, los recibos que fuera recibiendo de las compras que vaya haciendo, para que de aquí a un mes pueda mejorar el presupuesto que vamos a hacer juntos ahora.

B. Egresos (Gastos)

Como mencionamos al final de la lección anterior, los gastos tenemos que dividirlos en 12 ó 13 categorías. Anote la cantidad de sus gastos en la planilla de egresos (ver páginas 132-136).

1. Automóvil - Transporte. Tenemos que ver cuánto estamos gastando en trasporte, ya sea propio o público (autobús, tren subterráneo). En Estados Unidos los gastos de automóvil son bastante importantes. Inclusive en Latinoamérica con el precio de la gasolina, que a veces es tan alto, los gastos de transporte pueden llegar a ocupar una parte significativa dentro del presupuesto familiar. Entonces, coloque en la categoría de automóviles cuánto está gastando de promedio en gasolina, aceite, reparaciones (de pronto no gasta dinero en aceite o en reparaciones todos los meses, pero puede usar un promedio), impuestos y seguros, en forma anual. Divida esa cantidad por 12 y colóquela allí. También, si lo prefiere, puede hacer el cálculo directamente en términos mensuales.

Si no tiene auto, ¿Cuánto está gastando en transportación pública? O, quizás, está viajando con alguna otra persona, en su automóvil, y le da una cierta cantidad de dinero cada mes. Eso se acostumbra mucho en algunos países de nuestro continente: el que una persona maneje y cuatro o cinco personas viajen con él, para luego, a fin de mes cooperar para los gastos de gasolina.

En Conceptos Financieros Cristianos recomendamos que en EEUU no se gaste más del 15% de su IND (Ingreso Neto Disponible: salario menos impuestos y donaciones) en su automóvil o en transporte público de pasajeros.

2. Casa. ¿Cuánto está gastando en el mantenimiento de su casa? A veces el mantenimiento de la casa puede ser bastante costoso. Donde las casas son de cemento y ladrillo se requiere de menor mantenimiento. En aquellos países como Estados Unidos y Canadá, donde las casas se construyen utilizando mucha madera, los gastos pueden ser más altos.

En cualquiera de los casos, ésta es una categoría muy importante. Para esta categoría debe tomar en cuenta cuánto está pagando de alquiler o de hipoteca.

¿Qué hay de los impuestos o seguros? A veces el seguro, el impuesto y el pago de la casa, se hacen juntos en un solo pago. Nosotros le recomendamos que no divida las cantidades, sino que coloque una sola cantidad en el casillero destinado a la hipoteca o alquiler.

¿Cuánto está gastando cada mes en servicios como la luz, el gas, el teléfono, el agua, el cable, etc.? Si está queriendo hacer un proyecto especial de construcción, ¿cuánto estaría pagando de promedio cada mes por los próximos 12 meses?

Algunas ciudades cobran mensualmente a todos los dueños de casas el barrido de las calles, la limpieza y el recogido de la basura. Coloque todos los gastos que están asociados con el mantenimiento de su casa en esta categoría.

Nosotros le recomendamos que no más del 38-40% de su IND vaya a parar a su casa. Si usted vive en una gran ciudad de Estados Unidos, seguramente estará pensando: "¡Pero el 38% de mi ingreso neto disponible! Con lo caro que es vivir en Nueva York, Chicago, o los Angeles...". Es verdad que es caro vivir en esas ciudades o en ciertas casas, pero nadie ha dicho que usted tiene que vivir allí. Quizás no tiene las entradas de dinero suficientes como para hacerlo. De pronto usted va a tener que ir a vivir a una ciudad o a una casa más barata.

El otro día hablaba con un amigo y me decía: "Andrés, el 38% de las entradas de dinero no me alcanza ni para empezar en los gastos de mi casa". Entonces, empezamos a hacer las cuentas. Yo le dije: "Tú te vistes, ¿no? Entonces de vez en cuando compras ropa. Vamos a ver cuánto gastas promedio en ropa al mes". Anoté la cantidad promedio. "¿Cuánto gastas en alimento?". Escribí la cantidad que gastaba en alimento. Le dije: "¿Caminas a tu trabajo?" -"No. Tengo un automóvil y a veces manejo una hora u hora y media para llegar". -"¿Cuánto estás gastando en tu automóvil?". Así, seguimos haciendo cuentas de la cantidad que estaba gastando en cada una de las categorás del presupuesto familiar. Cuando terminamos nos dimos cuenta que estaba gastando ¡el 135% de sus entradas de dinero!

Pero, si usted está gastando (recuerde especialmente esto si usted vive en el "país del norte") más del 38% de sus entradas de dinero en los gastos de su casa, si está gastando demasiado, necesita pensar en mudarse o quizás irse a vivir a un lugar más barato.

3. Comida. ¿Cuánto está gastando usted en alimentos? Escriba cuánto más o menos está gastando en comida mensualmente. Más o menos entre el 12 y el 15% de sus entradas de dinero deben ir a parar a la comida. A veces un poco más, a veces un poco menos. En general a los latinos nos gusta comer, y nos gusta comer bien. Por eso, gastamos más de lo que gastarían los norteamericanos en general. Dicen algunas estadísticas que en Estados Unidos los latinoamericanos, cuando vamos al mercado, gastamos un 30% más de lo que lo hace la gente anglo-sajona y por eso es que los dueños de los supermercados ¡nos aman!

Si usted observa los comerciales de televisión, va a notar que los mejores comerciales son los que tienen que ver con la comida y con las bebidas. Recordemos, entonces: en EEUU no más del 15% de nuestras entradas de dinero deben ir a parar a los alimentos.

Aquí va un dato muy importante: si usted vive en Estados Unidos y está gastando en la suma de los alimentos, el transporte y la casa más del 75% de sus entradas de dinero, usted está en serios problemas. Algo debe cambiar en su presupuesto familiar, porque si está gastando más de ese porcentaje, no le está quedando la suficiente cantidad de dinero para las otras 8 ó 9 categorías que todavía nos quedan por delante.

Lo importante en un presupuesto familiar no son los porcentajes que le estoy sugiriendo. Lo importante es que usted le asigne a cada una de las categorías algún determinado porcentaje de su IND, y que cuando usted sume todas las categorías le den el 100% o menos (no el 110, ni el 120, ni el 130%).

Si usted está casado/a es imperante la participación de ambos cónyuges en el proceso de decisión sobre la asignación de esos porcentajes. Si el presupuesto familiar es solamente el producto de un solo miembro de la pareja, créame, se está perdiendo el tiempo.

4. Cuenta de ahorros. ¿Cuánto está colocando en su cuenta de ahorros todos los meses? Coloque en el espacio correspondiente cuánto está ahorrando con regularidad. ¿Ha puesto un "0" bien grande? ¡En el futuro habrá que cambiarlo! Si usted tiene acceso a un banco, abra una cuenta de ahorros y comience a ahorrar ya mismo. Y si no, haga lo que hacía mi abuela: use el colchón de su cama o una latita donde empiece a colocar algo de dinero en forma regular. Si la moneda de su país fluctúa, empiece a ahorrar en una moneda extranjera más estable (si está permitido por las leyes de su nación).

Es interesante notar, por ejemplo, que cuando la gente está en serios problemas de deudas nunca me dicen: "Nosotros tomamos nuestra tarjeta de crédito, vamos y gastamos todo lo que podemos en lo que se nos da la gana". Siempre me dicen: "Estamos en deuda en nuestra tarjeta de crédito (o con nuestros parientes), porque surgió algo inesperado".

Yo creo que lo inesperado no sería tan inesperado ¡si lo estuviéramos esperando! Si ha estado ahorrando con regularidad, cuando llegue lo inesperado, uno puede ir y tomar esos ahorros evitando que el golpe económico sea tan fuerte.

5. Deudas. En esta categoría escriba todos los pagos de deudas y préstamos que está haciendo mensualmente. Por ejemplo: si tiene una tarjeta de crédito con una deuda de 1.000 dólares y usted está pagando $100 todos los meses, coloque en esta categoría $100 (el pago mensual y no la deuda total). Si usted le pidió dinero a su padre, o a algún otro pariente y está pagando la deuda en forma regular, coloque allí cuánto está pagando mensualmente (por lo menos, de promedio). Si usted tiene una cuenta de fiado o si, por ejemplo, sacó un televisor a pagar en cuotas, coloque aquí la cantidad de su pago mensual.

Ahora, sume todos los pagos de sus deudas y colóquelo en el casillero correspondiente. En Estados Unidos no más del 5% de su IND (ingreso neto disponible) debería ir al pago de deudas.

6. Gastos de banco. Quizá también tiene gastos de banco en forma regular, como el mantenimiento de su cuenta o costos asociados a ciertos servicios que le ofrece el banco. Coloque la cantidad en la casilla que corresponda.

7. Recreación. Con gastos de recreación me refiero a las salidas en forma regular. En estos años, la generación que nació en los años 60 y 70, está saliendo mucho más que la generación de los 30, 40 y 50. En aquellas épocas, hace 20 años atrás, la gente salía muy poco al restaurante, el día de hoy sale mucho más a comer, a pasear, e incluso de vacaciones.

Había una época en la que la gente no salía de vacaciones en forma regular, pero en estas épocas la gente sale de vacaciones más seguido. Para esto, debemos guardar una cierta cantidad de dinero todos los meses; no vaya a ser que llegue el fin de año y uno no sepa de dónde sacar dinero para salir a pasear con su familia. Escriba, entonces, donde dice "recreación ", la cantidad de dinero que gastó en sus últimas vacaciones dividido por 12. A eso, súmele lo que gasta todos los meses en salir a pasear, comer o salir con su familia.

8. Ropa. Es importante tener dinero para comprar ropa. Quizás no compramos vestimenta todos los meses, pero es importante que cada mes tengamos una cierta cantidad de dinero que podamos separar para esta categoría. Debería tener una cajita o un sobre donde esté poniendo dinero todos los meses para la ropa. Así, cuando llegue el momento de comprar zapatos para los niños, o ropa para usted o cualquier cosa que tenga que ver con la vestimenta, no sacará de la comida para comprarlo, sino que tendrá un ahorro de dónde comprar lo que necesita.

Si viene su esposa y le dice: "Querido, ¡cómo me gustaría que me compres ese vestido rojo!", usted puede ir al sobre correspondiente a la ropa y ver si hay dinero o no. Si hay dinero, cómprelo. Si no, hay que esperar hasta que podamos ahorrar lo suficiente. De esta manera se evitan las peleas en el hogar, porque nos hemos puesto de acuerdo en separar cada mes algo de dinero para el vestuario personal y familiar.

9. Salud. ¿Cuánto está gastando usted todos los meses, de promedio, en médico, en dentista o en medicinas? ¿Está comprando algún medicamento en forma regular? En casa, por razones médicas, usamos lentes de contacto descartables. Cada cuatro meses debemos comprar lentes nuevos. Lo que hacemos es tomar el gasto que tenemos cada 4 meses, dividirlo por 4 y colocar ese dinero aparte en nuestra cuenta de ahorros cada mes. Cuando llega el momento de comprar lentes, tenemos el dinero ahorrado.

Puede que usted también tenga ese tipo de gastos. Cada cierta cantidad de tiempo quizás usted tiene que comprar alguna medicina o asistir al doctor con regularidad. Si el gasto es cada 3 meses, divídalo por 3 y colóquelo allí; si es cada 4, divídalo por 4...

También puede que usted tenga un seguro de salud que está pagando en forma mensual. En Estados Unidos los seguros de salud son bastante caros. Es importante que anote la cantidad que paga de seguro de salud dentro de esta categoría. Nuevamente: no le recomendamos que más del 5% de su IND vaya a los gastos relacionados con la salud.

10. Seguros. ¿Tiene un seguro de vida? Usted debería tenerlo. Por lo menos, debería estar seguro de que cuando usted pasa a la presencia del Señor, hay en algún lugar, suficiente cantidad de dinero como para dejar todas sus cuentas cerradas.

Recibí una carta hace algunos días atrás de una señora que vive en el Caribe que me dice: "Mi esposo ha pasado a la presencia de Dios hace un par de semanas y me dejó más de 65.000 dólares en deudas. ¿Qué hago?". Es terrible. Los varones no debemos ser tan irresponsables con nuestras viudas y nuestros niños. Debemos tener un seguro de vida, por lo menos como para cerrar cuentas, para el entierro y para el futuro de nuestros hijos/as.

Me enteré en el sur de Estados Unidos del caso de un finado que estuvo 5 días en el comedor de su casa porque nadie lo quería enterrar. La compañía que estaba a cargo del entierro quería, por lo menos, el 50% del dinero por adelantado y la viuda no tenía un peso. Enterrar al hombre costaba casi 5.000 dólares y había que pagar, por lo menos, 2.500 dólares antes de tocar al muerto. Así que allí se quedó este señor: en el comedor de su casa, hasta que varias iglesias de la zona se enteraron y juntaron los 2.500 dólares necesarios para resolver la situación. Les tomó 5 días juntar el dinero y pagarle a la empresa para que enterraran al hombre.

Nosotros los varones (y las mujeres también), debemos tener la cantidad suficiente de seguro para dejar las cosas en orden. No es tan caro como pensamos y demuestra una actitud de madurez y responsabilidad de nuestra parte.

11. Gastos varios. Los gastos varios son como un barril sin fondo. Allí se va toda la cantidad de dinero que le pongamos. Nosotros le recomendamos que no más del 4 ó 5% de sus entradas de dinero se vaya en esta área de gastos varios.

¿Qué son gastos varios? Son suscripciones a diarios, a revistas, cosméticos para la señora, gastos de peluquería, lavandería, tintorería, comidas en el trabajo, barbería para los varones, cuotas de clubes, hobbies que usted tenga, gastos de cumpleaños (¿se ha dado cuenta que todos los meses hay alguien que cumple años en la familia?), aniversarios, regalos de Navidad, etc.

Algunos de nosotros estamos ayudando a nuestros padres, a miembros de nuestra familia en forma regular. Colóquelo allí, en el área de los gastos varios. Algunos vivimos en Estados Unidos y estamos mandando dinero al exterior. Si quiere, puede colocar esa cantidad en esta categoría.

12. Cuidado de los niños. Muchas veces el esposo y la esposa trabajan y pagan a alguien que les cuide a los niños. Puede anotar dentro de esta categoría la cantidad de dinero que gasta mensualmente en el cuidado de sus hijos e hijas.

13. Educación. Otro gasto es el área de la educación privada (incluyendo clases de música, instrumentos, gimnasia, etc.). Coloque en esta categoría todos los gastos de educación personal o de sus hijos, tanto dentro como fuera del ámbito escolar.

14. Otros gastos. Si usted tiene algún otro gasto que no hemos cubierto en este presupuesto familiar, éste será el lugar para incluírlo.

Ahora, sume todas las categorías, todos los totales de todas las categorías. Eso le va a dar sus gastos totales de la familia. Lo que tenemos que hacer ahora, por un lado es tomar el IND (ingreso neto disponible), restarle el área de los gastos, y eso le va a dar a usted el total de IND menos gastos. Esa es la cantidad con la que usted se está quedando en el bolsillo.

¿Le da positivo o negativo? Si es un número negativo va a tener que hacer algún tipo de arreglo porque obviamente usted está gastando más de lo que gana.

Si le da positivo, muy bien. ¡Felicitaciones! Lo único que tiene que hacer ahora, es ajustar su presupuesto poniéndose de acuerdo con su cónyuge (si lo tiene) para "pactar" cuánto se va a gastar mensualmente en cada una de las categorías.

Luego, en aquellas categorías en las cuales usted prefiera manejar dinero en efectivo (por ejemplo: comida, entretenimiento, gastos varios, transportación ...), le vamos a recomendar que divida esos gastos en cuatro y que establezca cuatro "Días de Pago Familiares".

Olvídese de las semanas y de las fechas cuando cobra su salario. Simplemente establezca el 1, el 8, el 16 y el 24 como aquellos días en los que usted irá al banco (o a su colchón familiar) para retirar el dinero en efectivo que necesitarán para los próximos 7 u 8 días. No se preocupe de los otros gastos (alquiler, gas, luz, pagos del auto...). Si usted armó correctamente su presupuesto familiar o personal de acuerdo a los parámetros que le hemos sugerido, esa parte del presupuesto "se cuida sola". La razón es que esos gastos son casi "fijos" y la mayor cantidad de dinero que desperdiciamos se nos van a través de nuestos gastos variables y del dinero en efectivo que tenemos en el bolsillo.

Decida entonces: ¿Cuánto vamos a gastar de comida? Si decidimos que vamos a gastar 200 pesos de comida por mes. Eso quiere decir que vamos a tomar 50 pesos cada "día de pago familiar" para comer por los próximos 7-8 días. Ese debe ser un compromiso firme de nuestra parte.

Lo que se puede hacer es que cada día de pago familiar uno puede tomar unos sobrecitos y colocar el efectivo dentro de ellos. Yo tengo un Organizador Efectivo que nosotros hemos desarrollado en Conceptos Financieros Cristianos. Usted puede usar sobres de su casa, si quiere. Entonces a uno de los sobres le coloca la palabra "diezmo"; a otro, "gastos de la casa"; a otro, "alimentación o comida"; a otro, "automóvil"; y así usted va teniendo un sobrecito para cada categoría. Tenga un Organizador Efectivo para el esposo y otro para la esposa.

Entonces, cada día de pago familiar la esposa y el esposo, se dividen el dinero. -"¿Cuánto vamos a gastar de comida?" -"Bueno, si dijimos que vamos a gastar 50 pesos, pues ponemos en el sobrecito de la comida y coloquemos allí 50 pesos". Cuando la señora va al mercado, toma su sobre de la comida, y paga con el dinero que hay en él. El problema viene cuando se nos acaba el dinero de ese sobre ¡antes del siguiente día de pago! Por favor: ¡no deje de comer!

Hay que hacer algún arreglo allí: uno se va a ir dando cuenta de que debe aprender a manejar el dinero durante esos 7 u 8 días para que esos 50 pesos alcancen hasta el siguiente día de pago familiar.

Lo mismo ocurre, por ejemplo, en el área del entretenimiento. Supóngase que llega el domingo. Al salir de la iglesia, su amiga, Carolina, le dice: "¡Vamos a comernos una pizza!". Entonces, ¿qué hace usted? Sencillo: Toma el sobrecito del entretenimiento y mira: "¿Tengo o no tengo dinero para ir a comer una pizza?". Si no tiene dinero, entonces, le dice a su amiga: "¿Sabes? va a tener que ser la semana que viene, porque me he gastado todo el dinero de entretenimiento para esta semana..." Quizá, entonces, Carolina le diga: "No te preocupes, yo pago".

Usted le dice: "¡Ningún problema!..." ¡Esa es la diferencia entre los que tenemos un presupuesto y los que no!

Lo mismo debe ocurrir con los gastos misceláneos. Una vez que se le acabaron los gastos misceláneos de la semana, usted no va a poder ir a la peluquería o a hacerse las uñas hasta la semana que viene. ¿Por qué? porque ya se le acabaron los gastos misceláneos y usted se ha comprometido en esperar hasta el próximo día de pago familiar. Quizá usted va a tener que suspender una subscripción algún diario o revista porque ha gastado demasiado este mes en esa categoría. El asunto, ahora, es estar totalmente comprometido a cumplir con la palabra empeñada.

Ahora usted tiene un presupuesto personal o familiar y también tiene una forma concreta y práctica de controlarlo.

Lo único que nos queda por decirle es ¡buena suerte! Que Dios le bendiga, y cualquier cosa, por supuesto, estamos a su disposición para poder ayudarle a manejar más efectivamente sus finanzas.

Ejercicios de la lección 10

Termine su presupuesto familiar

Desarrolle ahora un sistema para controlar ese presupuesto. De nada sirve tener un presupuesto familiar si no lo controlamos.

Considere usar el **Organizador Efectivo.** Si no tiene uno, desarrolle un sistema de sobres, un sistema de planillas o controle su presupuesto por computadora.

Lealtades Divididas

Una vieja luchas con un nuevo sabor

por Andrés G. Panasiuk

"Pastor... perdóneme, pero el sábado no puedo ir con usted porque tengo que..."

Si usted es pastor, diácono o líder de algún departamento de la iglesia, seguramente habrá escuchado cien finales para esta frase-excusa. El final más común todavía sigue siendo "... trabajar".

Este tipo de comentarios me hacer recordar una historia divertida que leí. Un tal José le escribe una nota de amor a su novia Rocío:

"Querida Rocío:

Quiero que sepas que mi amor por ti no tiene límites.

Rocío, estoy dispuesto a hacer cualquier cosa por ti: subiría a las montañas más altas, bajaría a los valles más bajos, cruzaría los océanos más anchos, volaría hasta los confines del mundo con tal de ver tus preciosos ojos.

Rocío, te aseguro que te quiero como nunca he querido a nadie antes. Te ama,

José

*PD: Rocío, te veo el domingo... **si no llueve.**"*

No sé si usted se identificará en su vida de pareja con la pobre Rocío, pero aquí nuestro buen amigo José sufre de un serio caso de esquizofrenia

139

amorosa: por un lado, está dispuesto a ir hasta los confines del mundo por su amada, ¡pero si caen un par de gotas, el hombre no asoma un pelo fuera de su casa!

Ese es uno de los problemas de los cristianos latinoamericanos de hoy: decimos que "sí", pero significa "no"; decimos que "no", pero es "sí"; el domingo cantamos al Señor "tuyo es el Reino...", pero para el martes nuestra actitud con Dios es de "si te he visto, no me acuerdo".

Somos rápidos para cantar, saltar, palmear, caer al piso, levantar nuestras manos o pasar al frente. Sin embargo, cuando llega la hora de probar nuestra integridad y nuestro compromiso como cristianos, nuestra actitud no alcanza ni a la mitad de nuestras palabras.

Una de las áreas donde más claramente se ve esta dualidad de lealtades es en el área económica. La razón es que, como bien lo dice Larry Burkett, presidente y fundador de Conceptos Financieros Cristianos, "la forma en la que manejamos nuestras finanzas es una expresión externa de una condición espiritual interna".

Nosotros y nuestro dinero

En el último libro escrito por el famoso investigador social Barna titulado How to Increase Giving in Your Church (Cómo aumentar las ofrendas en su iglesia), el conocido autor revela que en la iglesia protestante de EE.UU. sólo entre un 3% al 5% de la membresía da el 10% o más de sus entradas de dinero al templo. Entre los adultos que asistieron con cierta regularidad a la iglesia durante 1996, el 37% (uno de cada tres), ¡no dio ni un peso a la obra del Señor en todo el año!

Además, en un estudio hecho por Conceptos Financieros Cristianos hace algunos años, se descubrió que casi la mitad (el 40%) de los cristianos que participaron en el estudio estaban gastando regularmente más de lo que ganaban y el endeudamiento promedio (incluyendo la hipoteca de su casa) de una persona con una edad media de 28 años era de ¡sesenta y seis mil dólares! La realidad es que las estadísticas económicas dentro de la iglesia no son muy diferentes de las estadísticas económicas fuera de ella.

Cuando se trata de ir a la iglesia, leer la Biblia o alabar a Dios con cánticos y danzas, somos unos "leones" (o "leonas"). Pero cuando se trata de cuestiones económicas, que muestran cómo interaccionamos con el mundo, o cómo somos en nuestra vida de lunes a viernes, muchos de nosotros vivimos bajo los mismos principios de vida que cualquiera de nuestros vecinos.

La Palabra nos confronta

En San Lucas 16, después de haber relatado cómo el administrador infiel le había robado a su jefe, el Señor Jesucristo nos da un principio eterno de administración integral: "El que es fiel en lo muy poco", dice Jesús, "también en lo más es fiel; y el que en lo que muy poco es injusto, también en lo más es injusto" (Lucas 16:10).

Creo firmemente que la forma en que manejamos nuestra vida económica es, justamente, una de esas áreas de "lo muy poco" en nuestra vida. Es un área escondida a la que casi nadie tiene acceso. Nuestros principios éticos en el área financiera no son tan obvios como nuestra asistencia a la escuela dominical, nuestra participación en la alabanza ni como nuestros diezmos y ofrendas.

¿Quién sabe cómo gastamos nuestro dinero? Es un área oculta y secreta. Muchas veces ni siquiera nuestro cónyuge sabe cómo manejamos las finanzas de la casa. Y si la esposa no sabe cómo se maneja el dinero del hogar, ¡mucho menos los diáconos o los pastores! La forma en que manejamos nuestro dinero, entonces, forma parte de nuestra vida secreta: una zona inaccesible donde no le tenemos que rendir cuentas a nadie. Pero el Señor continúa exhortándonos: "el que en lo muy poco es injusto..."

Recuerdo la historia de una señora que sabía que su suegra iría a visitarla en cualquier momento, pero tenía su casa hecha un desastre. La mujer empezó a juntar toda la basura que encontraba y a colocarla debajo de la alfombra. La basura de la cocina... debajo de la alfombra. La basura del comedor... debajo de la alfombra. La basura de los cuartos... debajo de la alfombra. Hasta que al final todo estuvo presentable. El único problema fue que cuando llegó la suegra, lo primero que hizo al entrar fue tropezarse con la alfombra y ¡dejar toda la basura al descubierto!

Algo parecido nos ocurre a nosotros. Sabemos que hay "basura" en nuestra vida, pero como no queremos o no tenemos la valentía de confrontarla y limpiarla, la ponemos debajo de la alfombra emocional. Cuando encontramos más basura, ahí va: debajo de la alfombra... debajo de la alfombra... hasta que el día menos pensado llega el pastor a casa y ¡nos levanta la alfombra!

Allí es cuando usted, si es el pastor, escucha cosas como: "¡No se meta en mi vida!" o "¡Eso no tiene nada que ver con la iglesia!", o incluso, "Mire, pastor, yo entiendo lo que la Biblia dice, pero así es el mundo de los negocios... Tengo que sobrevivir".

La realidad, sin embargo, es que nosotros somos quienes somos no cuando estamos en la iglesia o en medio de una campaña de avivamiento. Allí, bajo la presión del ambiente, es fácil ser creyente. Nosotros somos quienes realmente somos "debajo de la alfombra", cuando sabemos que estamos solos y que nadie nos ve.

Es importante ser íntegros, limpios y honestos no solamente "arriba", sino también "debajo" del manto de la intimidad de la vida privada.

Entonces, si le decimos a Dios (como José le dijo a su amada Rocío): "Tú eres mi Dios, tú eres mi Rey. Te amo y estoy dispuesto a hacer cualquier cosa por ti", es vital que a la hora de tomar nuestras decisiones las tomemos a la luz de los principios de vida bajo los cuales espera que vivamos... aunque llueva!

Esquizofrenia espiritual

Cuando hablamos de dinero, los latinos de hoy vivimos una dualidad impensable desde el punto de vista bíblico. Santiago nos advierte que es imposible que de una misma fuente pueda salir agua dulce y amarga, y sin embargo, de alguna manera, a las puertas del siglo XXI, nos hemos convertido, espiritualmente hablando, en ¡verdaderos ingenieros hidráulicos!

Por un lado, amamos al Señor y queremos buscar primeramente el reino de Dios y su justicia; pero por el otro, nos cuesta desprendernos de "todas estas cosas". Queremos servir a Dios, pero también deseamos buscar primeramente las comodidades que nos ofrece el mundo de hoy. Por eso, como queremos las dos cosas al mismo tiempo y es un hecho el que Dios y Mammón no se llevan muy bien como jefes de una misma vida, hemos recurrido a una interesante solución: la esquizofrenia espiritual.

Tenemos en nuestras iglesias una masa de cristianos espiritualmente esquizofrénicos. Cristianos con dos personalidades diferentes. Por un lado, la personalidad de la "vida cristiana", y por el otro, la de la "vida real". A menudo, por lo menos en EE.UU., tratamos de realizar las actividades especiales, seminarios y talleres cuando la gente "está". Porque cuando están, tienen a flor de piel su "personalidad cristiana", se puede contar con ellos ¡y son cristianos magníficos! Pero cuando no tenemos un culto planeado, ése es otro cantar. Ahí es que don Pedro, tan buen cristiano los domingos y los miércoles, se nos acerca y nos susurra al oído: -Pastor, perdone, yo sé que hay visitación el sábado, pero...

Lo que don Pedro nos está diciendo, en realidad, es: -Pastor, yo lo aprecio mucho y no quiero tener problemas con usted, pero no le doy permiso para que invada mi vida "real" del sábado por la tarde. Estoy muy ocupado con "las otras cosas" y esta semana ya le he dado más que suficiente al reino de Dios y su justicia.

Esa esquizofrenia religiosa nos lleva a dividir al mundo en "secular" y "cristiano". Esa lucha de lealtades nos lleva a tener principios de vida pragmáticamente divididos: unos para dentro de la iglesia y otros, para afuera.

Ideas creativas

Nidia y su esposo son cristianos muy respetados en su iglesia. Ganan bien y diezman con regularidad. Nidia me llamó por teléfono y me dijo: -Andrés, en vista de los problemas económicos que tenemos, mi esposo y yo hemos decidido tomar nuestras tarjetas de crédito, salir de compras, gastar hasta el tope del crédito que tenemos, declararnos en bancarrota y volvernos a nuestro país. Creemos que el Señor nos está guiando a volver a nuestra tierra.

Después del **shock** inicial, recuerdo que alcancé a preguntar: -Nidia, ¿no cree que salir a comprar y presentar su tarjeta de crédito **sabiendo** que usted no le va a pagar al comerciante es como... **inmoral**?

No, no se le había ocurrido. Como tampoco se le había ocurrido a un hermano en la fe que conozco, que el usar un aparato para poder ver los canales de cable sin tener que pagar por el servicio es, también, inmoral. Él creía ser sagaz, cuando en realidad le estaba robando a la compañía de cable.

Cuando vivíamos en Latinoamérica, robábamos con la excusa de que éramos pobres. Ahora que estamos en el norte y ganamos bien, la excusa es que "todos lo hacen" o "no seas exagerado, Andrés".

Sin embargo, nuestras decisiones económicas son "decisiones secretas" y siempre revelan los valores y principios que tenemos en lo profundo de nuestro ser. Una vez más, entonces: la forma en que manejamos nuestro dinero es una expresión externa de una condición espiritual interna.

Revertir una tendencia creciente hacia el pragmatismo, hacia la superficialidad religiosa y hacia una vida cristiana afectada por las reglas que rigen nuestra sociedad de consumo, será una tarea ardua y difícil para el liderazgo latinoamericano de más allá del año 2000.

Habría dos cosas que podríamos hacer a corto plazo:

1. Enseñar que "ser" es más importante que "hacer"

En nuestras iglesias, por ejemplo, deberíamos dejar de hablar solamente del diezmo (como un tema aislado) y empezar a enseñar principios bíblicos de administración integral. Habría que cambiar mucho más que las actitudes superficiales de nuestra gente (como por ejemplo: asistir a la iglesia los domingos o traer sus diezmos todos los meses), y apuntar hacia los cambios en su carácter. Tenemos que enseñar, en primer lugar, que el "ser" es mucho más importante que el "hacer".

A Dios le importa más quiénes somos y no tanto lo que hacemos. En Isaías 58 es evidente que Dios rechaza el "hacer" de su pueblo (asistir con regularidad al templo, ayunar y orar) y los desafía a un cambio en su "ser": un cambio en sus principios económicos, morales y espirituales. Dios no está buscando gente que asista a todas las reuniones o que cante canciones más lentas o más rápidas. Dios busca un cambio en nuestro carácter, en nuestra forma de ser.

Como decía este año el evangelista Alberto Mottesi en la última reunión de comunicadores sociales en Anaheim, California: "Tanto en el diccionario como en la vida real, 'carácter' siempre viene antes que 'carisma' ", y el problema en nuestros días es que en la iglesia latina hay gente que busca con ansiedad el carisma, pero están huecos en la profundidad de su carácter.

-¿Vergüenza?- me confrontó un niño durante mi primer trabajo como líder en un campamento de LAPEN -¡Vergüenza es robar y no poder escapar!

Cuanto más viajo por nuestro continente, más me pregunto cuántos adultos cristianos tienen la misma filosofía de vida.

2. Liberar a nuestro pueblo de la esclavitud financiera

Finalmente, deberíamos apuntar hacia la liberación económica de nuestro pueblo. De nada vale tener intenciones de servir al Señor si en realidad somos esclavos de nuestra situación económica.

Se dice que en la zona de San Antonio (una ciudad primordialmente latina), en Texas, el nivel de endeudamiento promedio debido a compras con tarjetas de crédito ya ha alcanzado los seis mil dólares por persona. El año pasado EE.UU. experimentó el nivel más alto de bancarrotas personales en su historia: mas de un millón. El 90% como consecuencia del uso del crédito.

Pero el problema de las deudas y el crédito no es sólo un problema norteamericano. Las familias cristianas latinoamericanas desde México hasta la República Argentina, estamos sufriendo por malas inversiones, por préstamos y por golpes económicos inesperados.

Comenzando con los mismos pastores y líderes de la iglesia, deberíamos ayudar a nuestra gente a liberar recursos económicos que están atados en préstamos con familiares, amigos o tarjetas de crédito a fin de reinvertirlos para satisfacer las necesidades de sus familias y proveer para la extensión del reino de Dios.

Si cada cristiano hispano en EE.UU., por ejemplo, pudiera dar unos cincuenta dólares mensuales (un 2 o 3% del salario medio), a fin de año podríamos tener unos 3.000 millones de dólares disponibles para la obra del Señor, pensando que en Norteamérica somos alrededor de cinco millones de creyentes hispanos.

Supongamos que sólo pudiéramos hacerlo con el 10% de esos creyentes.

De todas maneras podríamos crear un fondo de unos 300 millones de dólares para la obra misionera o para algún proyecto evangelístico. ¿Podríamos imaginarnos el llegar a Costa Rica o Guatemala, por ejemplo, con 300 millones de dólares bajo el brazo para invertirlos en evangelizar el país? ¿Qué podría pasar?

La iglesia hispanohablante tiene un potencial que todavía no hemos descubierto. El problema radica en que sus miembros, aunque quieran, no pueden dar porque, por ejemplo, el 25% de aquellos que viven en EE.UU. todavía están pagando los regalos que compraron en la Navidad de 1995.

Cuando mi esposa y yo vivíamos con la presión de más de diez mil dólares en deudas, teníamos todas las intenciones del mundo de ofrendar para la Obra. Sin embargo, no fue sino hasta que nos liberamos de las ataduras de la esclavitud financiera que tuvimos los recursos suficientes para comenzar a apoyar diferentes proyectos dentro de nuestra iglesia y luego, también, a nivel misionero.

Reflexion final

Si liberamos a nuestra gente de las ataduras de su esclavitud financiera... Si les enseñamos que dar es mejor que recibir...

Si desarrollamos una nueva relación con Dios en la que ya, en esta sociedad de consumo, dejamos de "consumir" a Dios como un "proveedor de servicios" y lo entronamos como nuestro Rey y Señor de cada día...

Si en nuestros mensajes apuntan más hacia lo que Dios requiere de nosotros y menos a "lo que Dios puede hacer por ti"...

Si predicamos más sobre arrepentimiento, confesión y conversión en vez de sobre "la gloria, el poder y las riquezas del cristiano"...

Si logramos entender que lo que Dios pide de nosotros no es más oración, más cultos y más ofrendas, sino un carácter firmemente cimentado en el carácter de Cristo...

... entonces, puede ser que don Pedro se nos acerque un día de éstos y en voz baja nos susurre al oído: "Pastor... ¡cuente conmigo!"

Anexo 1

De Franciscanos y Rockefellers

Explorando el Concepto Bíblico del Contentamiento
por Andrés G. Panasiuk

De todos los principios financieros bíblicos que me toca enseñar al pueblo cristiano latinoamericano, el principio que más confusión produce es el principio del contentamiento. Raramente pasa un Seminario de Conceptos Financieros Cristianos sin que alguien se ponga de pie para tratar de aclarar algún aspecto de este principio.

La confusión surge como consecuencia de dos tendencias filosóficas extremas y opuestas. Por un lado están los que yo llamo "Los Franciscanos" (o seguidores de la filosofía financiera que quiere imitar la imagen mental que tenemos de San Francisco de Asís), y en el otro rincón del cuadrilátero están los que yo titulo "Los Rockefellers" (los que tratan de imitar el estilo de vida del famoso millonario). Tengo dos amigos, uno Rockefeller y otro Franciscano. Ambos están en el ministerio:

Mi amigo Franciscano cree que Dios nos ha llamado a una vida de privaciones y pobreza. Cree que el dinero es la raíz de todos los males y que cuanto más pobre es uno, más espiritual es. Tiene en mente a personas como Jorge Müller o la Madre Teresa de Calcuta y se opone acérrimamente a todo símbolo de materialismo en su vida familiar.

Mi amigo Rockefeller, por su parte, se aferra a la idea de que somos "hijos del Rey" y que debemos vivir como tales. Hace énfasis en versículos bíblicos que hablan sobre la prosperidad, y está dedicado a la tarea de arrebatar las riquezas de manos de los no-creyentes para llevarlas al Reino (mejor aún, si las lleva a su propia cuenta bancaria). Él demuestra cómo Dios lo ha bendecido mostrándome sus joyas, su auto (que vale más que una casa), la escuela privada de sus hijos y la piscina que acaba de construir.

Ambos tienen razón y, al mismo tiempo, ninguno la tiene.

El problema de los Franciscanos

Si bien es cierto que Dios se opone a una vida entregada al materialismo, no es correcto dar por sentado que Dios llama a todos los creyentes a una vida de pobreza. Dios llamó a Jeremías a vivir y morir por Él en la más absoluta miseria. Pero Dios llamó a Ester a ser una princesa en el palacio real. Jesucristo llamó al joven rico a vender todo lo que tenía y entregárselo a los pobres, pero no parece haber hecho las mismas demandas de Nicodemo. Pedro, Pablo y los apóstoles fueron llamados a vivir y morir en persecución y pobreza, pero Teófilo y Filemón eran cristianos con poder y dinero en el Imperio Romano.

No existe ningún lugar en la Biblia donde se enseñe que el dinero es malo. El apóstol Pablo, sin embargo, enseña que el amor al dinero es la raíz de todos los males (1 Timoteo 6:10). Los bienes materiales son una herramienta que Dios pone en nuestras manos para cumplir los propósitos divinos. Es la actitud que nosotros tenemos con respecto a esos bienes lo que marca la diferencia entre una vida que glorifica a Dios y una que no.

Si la pobreza fuera un símbolo de espiritualidad, ¡el 80% del mundo sería espiritual! En el libro de Proverbios Dios nos recuerda una triste realidad de la pobreza: "No me des pobreza... no sea que siendo pobre, hurte y blasfeme el nombre de mi Dios" (30:8-9). La pobreza también tiene su lado amargo y peligroso. ¿Cuántas veces hurtamos, mentimos o hacemos cosas deshonestas con la excusa de que somos pobres o estamos bajo una fuerte presión económica?

En realidad, la pobreza no tiene nada de "santa" y conlleva tantas tentaciones, frustraciones y violencia como la riqueza. El problema no radica en la cantidad de dinero que manejamos; la clave está en la actitud de nuestro corazón.

El problema de los Rockefellers

Me cae bien mi amigo "Rockefeller", especialmente por su visión positiva de la vida. Sin embargo, de los dos grupos, quizás él es el que está en mayor peligro. Esta "teología del egoísmo" en la que cree mi amigo es un mal que se está esparciendo como pólvora por Latinoamérica. La razón es que apela al más profundo entendimiento de nuestra relación con Dios: los latinos, por naturaleza, nos relacionamos con Dios de una forma materialista y egocéntrica. Desde pequeños hemos aprendido a acercarnos a Dios primordialmente para pedir. Por su parte, la "teología del egoísmo", nacida en el centro mismo de una sociedad de consumo, "consume a Dios". Entiende a Dios como un "proveedor de servicios": El centro de mi relación entre Dios y yo, ¡soy yo! Entonces, creemos que...

"Dios existe para servirme a mí",
"Dios existe para salvarme a mí",
"Dios existe para amarme a mí",
"Dios existe para perdonarme a mí",
"Dios existe para sanarme a mí",
"Dios existe para darme a mí lo que yo le pida".

¡Por eso que nos enojamos tanto cuando Dios no se porta como se supone que se tiene que portar, cuando Dios no sana a quien se supone tiene que sanar o no nos da lo que se supone nos tiene que dar! Tratamos a Dios como si fuera el mago de la lámpara de Aladino, y contamos nuestras bendiciones en términos materiales y positivos. Creemos que la bendición de Dios se debe manifestar en cosas y en situaciones buenas y agradables. Sin embargo, Dios dice claramente "... todos los llamados de mi nombre, para gloria mía los he creado..." (Isaías 43:7). Nosotros existimos para servirlo a Él, para amarlo a Él y para darle a Él todo lo que nos pida. "En ninguna parte se nos dice que para servir a Dios tenemos que vivir como reyes", manifiesta Larry Burkett, presidente y fundador de Conceptos Financieros Cristianos. "Al contrario. La Palabra nos advierte que la preocupación y el amor por los bienes de este mundo pueden llegar a ser una de las amenazas más importantes para nuestra vida espiritual".

La Biblia nos amonesta: "No améis al mundo, ni las cosas que están en el mundo. Si alguno ama al mundo, el amor del Padre no está en él" (1 Juan 2:15). Jesucristo nos dice: "Vended lo que poseéis, y dad limosna; haceos bolsas que no se envejezcan, tesoro en los cielos que no se agote, donde ladrón no llega ni polilla destruye. Porque donde está vuestro tesoro, allí estará también vuestro corazón" (Lucas 12:33-34).

La teología del materialismo es un resultado del sincretismo entre el capitalismo y el cristianismo... ¡y nosotros nos la tomamos como jugo de frutas! Yo me pregunto si los cristianos norteamericanos o europeos estarían tan dispuestos a adoptar el culto cristiano/indígena a la "pacha-mama" como nosotros estamos ávidos de aceptar el culto a la "mama-money". Es importante discernir la diferencia entre el amor a las riquezas (o el orgullo de las riquezas) y la riqueza misma. Dios nunca condena la riqueza en sí (a Él le pertenecen todos los bienes del mundo). Dios condena el amor a las posesiones materiales y no coloca a los bienes materiales necesariamente como una demostración de su bendición sobre nuestra vida (1 Corintios 4:9-14).

El principio bíblico del contentamiento

Volviendo al tema del contentamiento, entonces, es importante, en primer lugar, definir el término. Contentamiento no significa resignarse a quedarse donde uno está ubicado económicamente. No debemos interpretar mal 1 Timoteo 6:8, o nos puede llevar a la vagancia y la holgazanería ¡que también son pecados!

El contentamiento es una actitud hacia la vida. Es saber cuál es el plan de Dios para mí y saber dónde estoy ubicado con respecto a ese plan. Debemos responder a la pregunta: ¿dónde quiere Dios que yo esté (por ejemplo, económicamente) en este momento?

Si usted sabe que Dios quiere que usted esté, como lo estuvieron mis suegros, veinte años en una choza con techo de paja en el sur de África, entonces podrá encontrar paz y satisfacción en medio de esa situación. Si sabe que el propósito de Dios es que usted haga dinero, y lo está cumpliendo, podrá encontrar alegría y tranquilidad en su trabajo. Pero si su cristianismo es sólo una pintada por encima de su materialismo, entonces uno de los primeros síntomas es la ansiedad. Usted siente ansiedad porque quiere estar en un nivel social más alto que aquel donde Dios lo ha puesto. Si usted se rebela contra la voluntad de Dios, tenga poco o mucho siempre querrá más. En el África, el hombre de la tribu que tenía casa de lodo, la quería de ladrillo y el que tenía techo de paja, ¡lo quería de chapas de zinc! El Señor, en su soberanía, llama a algunos a vivir vidas económicamente restringidas, y llama a otros a ganar grandes cantidades de dinero, todos con un propósito (2 Corintios 8:13-15).

El secreto del contentamiento en la vida del cristiano, entonces, no está en decidir hacerse un vago o tratar de disfrutar la vida viviendo como reyes. El secreto del contentamiento está en entender, aceptar y obedecer la voluntad económica de Dios para mi vida, a corto y largo plazo. Es deshacerme de lo "mío" y entender que todo es de Dios.

"Sean todas vuestras costumbres sin avaricia, contentos con lo que tenéis ahora, porque él dijo: No te desampararé ni te dejaré". Hebreos 13:5

Anexo 2

Trasquilando al Rebaño

por Andrés G. Panasiuk

"Pocas cosas me irritan como cristiano, pero si hay algo que me saca de quicio son los cristianos que trasquilan a otros cristianos."

Eso dice Larry Burkett, fundador y presidente de Conceptos Financieros Cristianos. Estoy totalmente de acuerdo.

Me gusta el término "trasquilar" porque el trasquilador no tiene intenciones de dañar irreversiblemente a la presa. No está allí para robarle. Al contrario, la mayoría de los "trasquiladores del rebaño" sólo quieren venderles a las ovejitas algún producto o servicio, sacarles algún beneficio, dejarlas en paz por un tiempo y, luego, ¡trasquilarlas nuevamente!

El proceso puede incluir a cristianos que invitan a otros cristianos a hacerse ricos de la noche a la mañana (en algún tipo de estratagema de niveles múltiples) o incluir simplemente la venta de artículos para el hogar. Puede ser que, inclusive, el producto sea bueno, pero como no se tiene un punto de comparación claro y específico (como cuando uno va al mercado), o porque se supone que el producto es extremadamente raro (como las botellas con agua del Jordán o las piedras de las minas del Rey Salomón), dentro del ámbito de la iglesia uno termina pagando mucho más de lo que pagaría por un producto similar en la calle.

No creo que sea malo que cristianos vendan cosas a otros cristianos. Lo que no veo bien es que cristianos se aprovechen de la credulidad y de la amistad de otros cristianos para beneficio propio, para venderles algo que aquellos no necesitan o para involucrarlos en algún tipo de negocio "bomba" que mueve motivaciones incorrectas en la vida del creyente y que, generalmente, lo llevan a perder dinero.

El trasquilador vestido de oveja

Sea el caso que fuere, el argumento más importante del vendedor es que el producto o servicio es para "ayudar a las personas" o para "ayudar a la iglesia o al ministerio". Una vez que ese argumento es vendido y, consecuentemente, aceptado, no hay límites para el tipo de negocios en que el trasquilador se pueda involucrar.

Por ejemplo, están los que ofrecen servicios de consejería financiera cristiana "gratuita" con el fin de vender algún producto o servicio. Esos son lobos disfrazados de ovejas. ¡Cuidado!

Algunos harán una presentación sobre higiene y tratarán de vender productos de limpieza. Otros ofrecerán trabajo en las iglesias de países donde hay necesidad y tratarán de reclutar gente que trabaje para ellos. Algunos otros, inclusive, darán "clases" de cosmetología para vender cosméticos a las hermanas de la iglesia. Estas actividades no están mal. Pero cuando se las lleva al ambiente de la congregación y se empiezan a involucrar las relaciones interpersonales y las relaciones ministeriales, las aguas se enturbian.

Finalmente también tenemos aquellos casos donde los mismos líderes de la congregación se convierten en "ordeñadores" de la manada. En este caso particular, los líderes han encontrado la manera de crear una empresa paralela a la iglesia para vender productos a la gente que los admira como cristianos y utilizan su "peso" y respetabilidad para obtener beneficios económicos.

La iglesia, entonces, comienza a auspiciar la venta de ciertos productos o servicios que se "espera" que el creyente adquiera. Los cristianos los compran porque se sienten presionados a hacerlo o porque piensan que les traerán una "bendición especial" o al menos "buena suerte". La Palabra de Dios afirma: "Porque los que quieren enriquecerse caen en tentación y lazo, y en muchas codicias necias y dañosas que hunden a los hombres en destrucción y perdición" (1a Timoteo 6:9).

No hay nada malo con que un negociante arme un negocio y venda su producto a un comprador (sea cristiano o no). El problema surge cuando las líneas límite entre el ministerio y el negocio se hacen imperceptibles. Debemos recordar que un negocio vende un producto y espera una ganancia, mientras que un ministerio existe para servir y no espera recibir nada a cambio. Si un negocio es bueno y vale la pena, no necesitará respaldo ministerial para tener éxito; pero si estos "hermanos" son insistentes y hasta le ofrecen al pastor una comisión, ¡bátase en retirada, que se viene la esquila!

La credibilidad usurpada

"Uno de los mejores métodos de mercadeo dentro de la comunidad o de los círculos cristianos", dice también Burkett en su libro Usando su dinero sabiamente (Editorial Unilit), "...es la credibilidad usurpada": ocurre cuando un negociante utiliza la credibilidad de un ministerio en beneficio propio.

Cuando trabajaba como administrador de una radio cristiana en Chicago, EE.UU., por ejemplo, solíamos tener en el aire a entrevistados que eran vendedores de bienes raíces y explicaban a nuestros oyentes cómo comprar una casa. Sin embargo, antes de salir al aire nos asegurábamos de varias cosas:

1. Que el público supiera que ellos trabajaban para una empresa

inmobiliaria como vendedores, no como consejeros.

2. Que los consejos en el aire fueran totalmente neutrales y desinteresados.

3. Que los entrevistados nos prometieran que en el caso de que algún oyente les preguntara, le recomendarían una empresa inmobiliaria cerca de la casa del oyente.

4. Que en el caso de que algún oyente quisiera hacer negocio con ellos, los tratarían con la más absoluta integridad.

5. Que no usarían nuestro nombre como recomendación para sus servicios.

Entonces, no está mal brindar información a los miembros de nuestras iglesias. El asunto es con qué fin lo hacemos. ¿Es realmente para beneficiarlos a ellos o hay algún otro motivo escondido? ¿Es para informarles sobre cómo comprar una casa en los Estados Unidos o para obtener una comisión por las ventas que se generen en el programa radial?

Recuerdo que en mi vida ministerial he recibido numerosos llamados telefónicos de compañías que prometían "beneficiar" al ministerio si estábamos dispuestos a recomendar tal o cual marca de producto, tal o cual servicio financiero, o tal o cual viaje al Caribe. Algunos ofrecían dinero en efectivo para mi iglesia, para mi cuenta de cheques y, en el caso de agencias de viajes, hasta pasajes gratis para mi esposa y para mí.

No está mal recomendar a otros cristianos productos o servicios que sabemos son de confianza. En Conceptos Financieros lo hacemos. Pero lo hacemos con los servicios de cuya integridad estamos absolutamente seguros, lo hacemos bajo normas muy estrictas y, por supuesto, ¡jamás aceptamos ni un peso por ello!

Cuando hay algún dinero o beneficio de por medio, es difícil ser neutral. Supóngase que el hermano X viene y le dice: Pastor, tenemos una oferta especial de un viaje a Israel. Si usted acepta y convence a otras nueve personas para ir con nuestra empresa, usted y su esposa pueden ir en forma gratuita o nosotros podemos hacer una donación especial a su congregación...

Si el pastor acepta el arreglo y luego se da cuenta de que la gente terminará pagando varios cientos de dólares más de lo normal por ir con esta compañía, costará trabajo decidir entre la tentación de un viaje gratis a Israel y decirle la verdad a sus feligreses. Su congregación ha sido trasquilada.

La Palabra nos confronta

En Marcos 11 el Señor Jesucristo purifica el templo atacando a los cambistas y vendedores de animales. Este es un pasaje interesante, porque el arreglo que tenían estos "proveedores de servicios" con las autoridades del templo seguramente pasaría el escrutinio de muchas congregaciones latinoamericanas de nuestros días.

En primer lugar, los cambistas y vendedores no estaban "técnicamente" dentro del propio templo. Muchos estudiosos de las Escrituras los ubican en una sección del templo de Herodes que fue rellenada durante la construcción del mismo y no pertenecía a la estructura original.

En segundo lugar, la práctica de vender animales a aquellos que venían desde lejos estaba protegida por la Ley.

En tercer lugar, esa práctica era para beneficio de los adoradores. Si alguien tenía que viajar desde tierras lejanas, con sólo llevar algo de dinero se evitaba el tener que cargar un animal hasta Jerusalén. Había una "necesidad" y los mercaderes la satisfacían ofreciendo un "servicio".

En cuarto lugar, los cambistas, los vendedores y los sacerdotes estaban contentos porque todos recibían su respectiva porción del negocio. Los vendedores dependían de los sacerdotes para conseguir animales a bajo precio y un puestito en el templo; los sacerdotes dependían de los vendedores para recibir su respectiva "porción" de las ventas. Los adoradores, por su parte, debían comprar los animales "bendecidos" por los sacerdotes que vendían los mercaderes.

La pregunta es, entonces: ¿por qué, si todos estaban contentos y el sistema funcionaba tan bien, es que Jesús hace un desparramo en el templo? Probablemente porque Jesucristo vio que los mercaderes compraban barato y vendían caro, que los cambistas se aprovechaban de la necesidad del pueblo, y que el servicio y ministerio a ese millón de personas que llegaban a Jerusalén se había transformado en una empresa multimillonaria que tenía una sola misión: trasquilar a los feligreses.

No crea que hay mucha distancia del templo de Jerusalén al templo de su iglesia...

Es cierto: el campo es grande y la mies es mucha. Sin embargo, cuidado con los trabajadores que están aquí solo por "la lana".

Anexo 3

¿Tu también, Brutus?

Siete Características de la deslealtad

por Andrés G. Panasiuk

-"¿Tu también, Brutus?"...dijo Julio César, y con esa frase salida desde el corazón cayó herido de muerte e inmortalizó así, la versión romana de Judas Iscariote.

Todos hemos tenido, de alguna manera u otra, la experiencia de ser traicionados. Desde aquel secretito que debía saber sólo la amiguita del segundo grado de escuela primaria, hasta la abierta traición, el robo infame o la difamación abierta y descarada cometida por aquel amigo, amiga o empleado cristiano bien recomendado en el que pusimos toda nuestra confianza.

Es cierto que el espíritu de Brutus o el de Judas está latente dentro de nuestra propia personalidad. Dadas las condiciones correctas, cualquiera de nosotros podríamos llegar a ser uno de ellos. Lo hicieron Aarón y María contra su hermano Moisés, Absalón contra su padre David y miembros de la iglesia primitiva contra el mismo apóstol San Pablo.

En 2 Pedro 2:9 y 10 se explica lo que le ocurrirá a los desleales: les espera la condenación y el castigo en el día del juicio. Sin embargo, y más allá del ámbito espiritual, el concepto de la lealtad y la traición es muy importante tanto en el ámbito personal como en el comercial.

Las versiones modernas del "mayordomo infiel" de Lucas 16 le cuestan a los dueños de negocios miles de millones de dólares cada año. Es por eso que el día de hoy muchos empleadores consideran el carácter personal y la lealtad del individuo como un factor muy importantes en el proceso de aceptar o rechazar a un candidato.

Algunos de estos conceptos están basados en ideas del pastor Ron Ball, conferencista y ex-pastor asociado de una importante congregación en la ciudad de Atlanta, EEUU. Otras ideas son propias, tomadas de la propia experiencia y del pasaje de 1 Samuel 17.

¿Qué no es la "lealtad"?

En primer lugar, es importante dejar sentado que "lealtad" no significa un seguimiento o una obediencia a ciegas, tipo fascista o nazi. Tampoco la lealtad debe ser ejercitada como una inversión a largo plazo, tipo película "El Padrino" (yo te soy leal a ti y tú me eres leal a mí, cuando yo lo necesite). La palabra "leal", en español, tiene sus raíces en la palabra "legal" y trae consigo la idea de guardar una cierta norma de conducta, de ser fiel a un grupo de leyes éticas y morales no escritas en el ámbito de las relaciones interpersonales.

En el pasaje de 1 Samuel 17 David está por llevar a cabo una hazaña legendaria. Sin embargo, al borde mismo del éxito, se encuentra con una serie de personas que, de una u otra manera, están siendo desleales. Tome nota, entonces, de siete características de aquel que es desleal. Quizás lo pueda aplicar a su negocio, quizás, incluso, a su vida personal.

Siete características del desleal:

1. El desleal amplificará sus áreas débiles. Los hermanos de David, frente a su decisión de luchar contra Goliat en 1 Samuel le contestaron inmediatamente "¿Y a quién has dejado aquellas pocas ovejas en el desierto?". Es cierto que David no era un soldado. Es cierto que era un joven pastor de ovejas. Pero ellos, que eran los verdaderos cobardes, ahora querían demostrarle a David que él no era nada ni nadie para oponerse a Goliat. El desleal no hablará honestamente de las posibilidades. El desleal le amplificará las debilidades que usted tiene y que no le permitirán cumplir con el sueño que usted tiene por delante.

2. El desleal, con toda amabilidad, tratará de desbalancearle y hacerle caer (vv. 28-39). Primero, le dará un motivo falso: "Te lo digo por tu bien", le dirán, aunque en realidad, en el fondo, lo que quieren ver es que le vaya mal. Ya podemos imaginarnos a los hermanos del que se convertiría en pocas horas más en el héroe de todo Israel, diciéndole: "Somos tus hermanos... te lo decimos por tu bien". Luego, le dirá algo para que pierda su confianza en la tarea que ha decidido emprender. Quizás, bajo la apariencia de un "chiste" tratará de ponerle en ridículo. Podemos imaginarnos lo ridículo que se vería David vestido de guerrero y lo peligroso que hubiera sido para él haber aceptado la coraza, la espada y la vestimenta de Saúl. Acepte la crítica constructiva, pero no se asocie con los que se le ríen en la cara.

3. El desleal tratará de crear ilusiones desalentadoras (vv. 11, 24,25). Siempre apuntará a lo difícil de la tarea y las dificultades que habrán por delante. En vez de evaluar honestamente las oportunidades y de ofrecer soluciones creativas, tratará de pintar la imagen de un gigante inconquistable. Cuando leo este pasaje, siempre pienso en lo que la gente le habrá dicho: "Ese gigante es tan grande que no le puedes ganar", mientras David probablemente pensaba "¡Ese gigante es tan grande que no le puedo fallar!"

4. El desleal tratará de evadir responsabilidades (v 25). Es triste decirlo, pero el primer desleal fue Saúl. A él le correspondía la tarea de ponerse los pantalones y enfrentarse con Goliat. El usar su capacidad económica

y su influencia política para sacarse de encima la carga, demostró su tendencia a ser un hombre desleal tanto para Israel como nación como para con Dios. Si hay alguien con el que usted hace negocios que no quiere ser responsable por los compromisos establecidos, no lo piense dos veces: aléjese de él. Si no lo hace, algún día se arrepentirá de no haberlo hecho.

5. El desleal sólo habla de los problemas, nunca los resuelve (vv. 24, 25, 29, 30). No está dispuesto a arriesgarse por usted. Sólo habla de la situación porque al hablar del problema parece como si le interesara encontrar una solución. Sin embargo, lo único que quiere es ganar tiempo y salvar las apariencias mientras aparece alguien que saque las papas calientes del horno.

6. El desleal tiene un comportamiento inmaduro destructivo (v 28). Estos son los "amigos" que hay que mejor perderlos que encontrarlos. Son aquellos trabajadores que se enojan por nada, que se ofenden por cosas mínimas, que tienen un temperamento volátil. Estos son los empleados o las relaciones con las que hay que estar constantemente aclarando malos entendidos, clarificando intenciones, pidiendo perdón, apoyándolos emocionalmente. Si es una relación personal, usted decide que hacer con ella; si es una relación de negocios, deshágase de esa persona. Le traerá angustia, stress y malos ratos hasta el día en que se vaya.

7. El desleal provoca división y desaliento (v 32). Las primeras palabras de David a Saúl fueron las palabras de un hombre de integridad y de fibra moral; un hombre que está preocupado por la unidad del pueblo y por el estado de ánimo de la tropa ¡y él ni siquiera era soldado! Hay una gran diferencia entre aquel que quiere aportar una crítica constructiva y aquel que sólo desparrama veneno. Deshágase del sembrador de desaliento. No vale la pena tenerlo en su negocio ni en su grupo de amigos.

No es fácil ser un hombre de integridad. No es fácil serle leal a un amigo, a su jefe en el trabajo, a su familia o a Dios. Rodéese de gente leal. Sea usted leal a los suyos y a las personas con las que hace negocios. Sea una luz en la cima de la montaña. Sea una pizca de sal en la ensalada de la vida. Sea un imitador de Jesucristo, quien, a pesar de las circunstancias, le fue leal a Dios y nos fue leal a nosotros hasta las últimas consecuencias... aún después de haber tenido entre sus amigos a un Judas Iscariote.